# 新しい地理の授業

高校「地理」新時代に向けた提案

千葉県
高等学校教育研究会
地理部会編

二宮書店

# はじめに

　かつて高校の地理歴史科・公民科の職員室では，次年度の担当科目を決める
際に，歴史や公民を専門とする教員が，地理は教えづらいとして避けられた傾
向があったと聞きました。専門とするまたは得意とする科目については，生徒
への一層の定着を目指して，授業の工夫改善が繰り返されましたが，学校の事
情などにより，専門外の科目をやむを得ず担当する時には，十分な事前研究が
できないなかで，見切り発車的な授業が展開され，生徒が主体である「わかる・
理解できる授業」が追究されなかったことが，多かったように思います。

　「主体的・対話的で深い学び」は，受け身で暗記中心の学習を変えるためのキー
ワードであり，新学習指導要領でも触れられています。
　具体的に「主体的・対話的で深い学び」とはどのような学びなのでしょう。
　新学習指導要領「地理歴史科・公民科」では「ア　次のような知識及び技能を身
に付けること」に加えて，「イ　次のような思考力，判断力，表現力等を身に付け
ること」と示されています。知識・技能とは明らかに異なる，活用し探究する力
が求められています。単に知識を得ることや暗記ではなく，議論する，自分で
情報を収集し組み立てる，そして体験することによって得られる力が，求めら
れているものだと思います。
　地理歴史科・公民科の各科目は，今求められる「主体的・対話的で深い学び」
について，これまで無頓着だったのでしょうか。
　四観点による評価を意識した授業実践や，課題解決を意識した授業実践など
をとおして，生徒が自らの学習を評価したり，自らの考えを示すことなどにより，以前から主体的な学習が行われてきました。決して今まで取り組まなかっ
たわけではありません。

教員の多忙化が叫ばれる昨今，いかに事前の教材研究など，よりよい授業を実践するための準備を効率的に行えるか。一つの答えとして，参考となる「授業実践事例」が，役割を果たすと考えられます。

　「地理総合」が必修になり，教育現場では明らかに地理担当の教員の不足が見込まれます。歴史や公民を専門とする先生方や新規採用の先生方に助けてもらうことになります。その時に本書に掲載されている，地理を専門とする教員が今までに培った，受け身で暗記中心の学習ではない授業実践を参考にしていただき，皆さんがもつスキルと融合させた「主体的・対話的で深い学び」を追究する授業を作り上げ，実践していただきたいと思います。

　千葉県高等学校教育研究会地理部会は，2019（令和元）年に設立70周年を迎えました。ここに所属した多くの地理教師は，それぞれの時代で必要とされた先進的な地理教育を追究・実践して，千葉県の地理教育に貢献してまいりました。

　本書はこの地理部会から，新しい学習指導要領による必修「地理総合」のスタートに合わせて，本部会の設立70周年記念事業の一環として，発刊することとなりました。

　本書が今後の魅力ある高等学校地理教育の一助として，大いに活用されることを願っております。

千葉県高等学校教育研究会地理部会
70周年記念事業実行委員長　　小林一雄

# 目 次

はじめに......................................................................................2

## 第1章　地図や地理情報システムで捉える現代世界

第1章　概要....................................................................................8

1　地図　地図は身近な存在
　　─様々な地図を使った授業..............................................................10

2　GIS①　紙上でGIS，空間分析の初歩
　　─バッファとボロノイによる影響圏や勢力圏の可視化......................................18

3　GIS②　GISを活用した授業実践
　　─MANDARAをGISツールとして活用しよう................................................26

4　交通　「地理総合」に向けての交通の授業
　　─机上旅行，ルート形成，社会変容から交通を学ぶ........................................34

コラム①　オリジナル問題がつくれない
　　─ある歴史教師の悩み..................................................................42

## 第2章　国際理解と国際協力

第2章　概要...................................................................................44

### 第1節　生活文化の多様性と国際理解

1　自然地理①　大気大循環は難しくない
　　─ストーリーを立てて学んでみましょう..................................................46

2　自然環境②　気候学習から規則性を発見させる
　　─ケッペンの気候区分の記号表示，気候分布，気候因子との関係に注目！......................54

3　産業①　日常生活中で無意識にかかわっている産業の恩恵と副作用
　　─産業学習の新たな視点................................................................62

4　産業②　多国籍企業について調べ，発表を取り入れたアクティブ・ラーニング
　　─グローバル化について考察する........................................................70

5 衣食住 「アルプスの少女ハイジ」から学ぶアルプスの自然と人々の生活
　　　──地理の楽しさを引き出すアニメーションの地理的な見方 ………………………… 78

6 言語・宗教 生活・文化の多様性と国際理解 世界の言語・宗教
　　　──大きなテーマをもって主体的に学ぶためのきっかけづくり ……………………… 86

コラム② エシカルな消費者を育てる
　　　──消費者教育における地理教育の可能性 …………………………………………… 94

コラム③ 地理的な視点で歴史の事象を彩る
　　　──人文地理を時間軸に沿って積み重ねて見る ……………………………………… 95


## 第2節　地球的課題と国際協力

1 人口問題 「人口」を用いて地域を科学的に理解する
　　　──生徒も授業者も, 発表学習にチャレンジ！ ……………………………………… 96

2 食料問題 地球的課題としての食料問題
　　　──食べ物を通して世界の課題に気づく授業を考える ……………………………… 104

3 資源問題 水資源から世界を考える
　　　──身近な水から水に関する諸問題を考える ………………………………………… 112

4 都市問題 都心と郊外の様々な都市問題を身近な事例から考える
　　　──地域の課題の発見と新たな提案 …………………………………………………… 120

5 民族問題 民族問題を授業でどのように扱うか
　　　──民族問題の原因と共生に向けた取り組みを授業で考える ……………………… 128

6 領土問題 日本の領土をめぐる情勢について考える
　　　──討論会「日露首脳会談」で北方領土問題を解決してみよう ……………………… 136

7 南北問題 「貿易ゲーム」によって先進国と途上国間の格差を理解させる
　　　──南北問題を他人事にさせない授業 ………………………………………………… 144

コラム④ カルトグラム (変形地図) の世界へ
　　　──地図作成を通じて思考力・表現力向上を目指す授業 …………………………… 152

## 第3章　持続可能な地域づくりと私たち

第3章　概要··········154

### 第1節　自然環境と防災

**1** 防災①　世界の自然災害と防災を学ぶ
　　　—資料を用いて防災を考える··········156

**2** 防災②　ハザードマップ・防災ゲーム（DIG・クロスロード）を活用した授業
　　　—命を守るための意識づけ··········164

**3** 防災③　生徒と災害の間に心の距離をつくらない防災教育
　　　—地図を通して実感をもたせる授業··········172

### 第2節　生活圏の調査と地域の展望

**1** ESD①　新旧地形図から学校周辺地域の変遷を探る
　　　—生活圏における課題の発見をねらいとした授業··········180

**2** ESD②　地域の歩みや現状を知り，社会的課題の解決を考える授業
　　　—「おおたかの森公園」問題を考える··········188

**3** ESD③　東京ディズニーランドができるまでとその周辺施設のかかわりの学習
　　　—身近な地域における観光を扱った授業実践例··········196

**4** 地域調査①　身近な地域を理解するための方法
　　　—生徒を動かし，考えさせる実践··········204

**5** 地域調査②　学校を中心とした身近な地域の調査
　　　—生徒の通学ルートを活用した調査の実践··········212

編集後記··········220

執筆者一覧··········222

**第1章**

# 地図や地理情報システムで捉える現代世界

## 第1章 概要

# 地図や地理情報システムで捉える現代世界

「地図とGIS」は「地理総合」での「SDGs」、「防災」と並ぶ三本柱の一つです。最初に置かれていることが注目です。最初に学びその後の地理学習全般においてこの技能を使って学習していこうということだからです。

地図は小縮尺／大縮尺，作図／読図，一般図／主題図などが観点として分類されますが，このうち，一般図／主題図の分類は地理の学習に際して大きな示唆を与えます。一般図（General Purpose Maps）は主に地形・集落・交通路・国境・地名などの諸事象が記されている地図です。主に場所を探すため参照（Reference）に利用されます。これに対して主題図（Thematic Maps）は気候図・海図・地質図・人口分布などのようにある特定のテーマ（主題）に関して記され空間的構造の特徴（structural charactertistics of some paticular geographical distribution）を表現した地図で事象の分析・考察のために効果的に利用されます。当初，地図は一般図として発展します。西暦100年代前半ごろエジプトのアレキサンドリアで活躍したクラウディオス＝プトレマイオス（Claudios Ptolemaios）は地理書『地理学（Geographia）』に世界各地の地点の緯度経度を収め，世界地図として表現しました。一般図の好例です。主題図の始まりは彗星で有名なエドモンド＝ハレー（Edmond Halley）による「大西洋等偏角線図（1698年）」といわれています。大航海時代の船乗りたちが大西洋を安全に航行するために，当時の重要なナヴィゲーションツールであった方位磁石の偏差を示したものです。主題図が本格的につくられ，利用されるようになったのは19世紀になってからです。ドイツの地理学者アレキサンダー＝フォン＝フンボルト（Friedrich Heinrich Alexander, Freiherr von Humboldt）は世界の等温線図を作成し，ここからパターン（気温は赤道からの距離に関係。近い方が高い）から逸脱している大西洋について他の事象（海陸分布，海流，風）を組み合わせて示してその原因を探ることによって空間的な特徴を発見しました。フンボルトの研究は主題図の有効性を示したものでした。

地理の学習に際しては，地図を上手に扱っていくことが肝要です。地図に示

されたことを読み取るには現地との様子を照合させ，等高線から起伏を読み取るといった技術的な能力が必要です。一般図で位置を確認し，その地点の自然環境と社会・人文環境との関係を考察し，主題図で，全体的な傾向を掴み，事象間の関係を考察します。こうした地図の読図は，地理的な見方・考え方を育むことになります。

近年は地図に先端科学というこのうえない"力"がやってきました。GIS（Geographical Information System 地理情報システム）です。それは地理学の価値を大いに高めることになります。地理学をバックボーンとする地理教育にとっても同様です。地理教育の各種場面でGISを利用することよって，それまで，困難であった学習がどんどん可能となっていき，さらなる可能性が広まってきました。使う目的に適した地図を扱うことができるようになったといえましょう。

本章では，このような地図とGISに関しての四つの話題を示します。

まずは，石毛一郎による地図全般の話です。地図が広く空間を扱い表現するツールとしてコミュニケーションの可能性を広めた実践です。たとえ，言語がわからなくても地図は読めます。授業のヒントになるような話題を多く絡めて紹介します。次に小林岳人による紙上でのGISです。GISというと何らかの分析が念頭に浮かびます。ボタン一つで地図上に何やら"図形"が描かれていく様子が頭に浮かぶでしょう。コンピュータが行う作業なので難しそうなことがされているかな，と思われますが，実は単純な作業の繰り返しでもあります。紙上で作図することで，より理解は進みます。そして，鈴木佐知による，GISソフトウェアを使った授業です。GISを教育利用と考えると，やはり，このような形態が誰にでも浮かぶでしょう。授業をするに際して，不可欠のアイディアがここに示されています。最後に太田貴之による地図を活用しての具体的事象（交通）の理解のための授業です。なるほど，地図はこのようにも利用ができるのかと思われることでしょう。

[参考文献]
・小林岳人（2011）「新学習指導要領と地図」『地理の広場』125，pp.83-93，全国地理教育研究会
・小林岳人（2017）「GISは地理的な見方・考え方を導く」『新地理』65-2，pp.122-124，日本地理教育学会

（小林岳人）

地図

# 1 地図は身近な存在

―様々な地図を使った授業

## 1. はじめに

　「地理総合」では最初に地図に関して多くのことを学習します。GISなどの新しい項目もありますが，多くは現行の地理Aや地理Bで学んだ単元です。ここでは三つの授業を紹介します。

　一つ目は「活躍する地図」です。この単元では，世の中には多種多様な地図が存在することについて学びます。世界全体を網羅した地図もありますが，私たちの生活圏を表現した身近な地域の地図もたくさんつくられています。でも，生徒たちはあまり見たことがないようなので一緒に読んでみることにします。

　二つ目は「球体としての地球」です。この単元では，平面の世界地図と球体の地球儀を比較して，実際の面積や方角や経路についての違いを学習します。実物の地球儀を使って世界地図と比較する作業が重要です。生徒にとっては，手に取って眺めたり回したりする経験が教科書と睨めっこするよりもはるかに効果的な学習方法です。

　三つ目は「地図の種類と特徴」です。この単元では，目的や意図に沿った適切な地図の表現方法を学びます。まずは，地域や場所・位置と結びついた情報を地理情報であると定義します。次に，一般的な地理情報を掲載した多目的の一般図と，特定のテーマに基づき地理情報を表現した主題図に分類します。これらを踏まえて，統計資料などのデータを表現するには，ドットマップ・図形表現図・流線図・等値線図などの絶対分布図や，階級区分図やメッシュマップなどの相対分布図，さらにはカルトグラムのような変形地図などが利用されていることを学びます。

## 2. 学校周辺の様々な地図を読む　―活躍する地図―

　本校（県立成田国際高校）は生徒の95％以上が電車で通学してきます。JR成田駅と京成成田駅から学校までの1km足らずを歩いて登校します。そこで「駅

**写真1　市街地とハザードマップ**　　　　　　　　　　　　　　　　（成田市提供）

から学校までの間にはどのようなお店や施設があるか？ 隣の人と確認してみよう！」と問います。すると，ファストフードやコンビニ，予備校など普段自分たちが利用する店舗に加えて，かなり詳細な街の様子を再現できるようです。

　そこで，『成田ふるさとガイド』（成田市広報課発行）を配付して再確認させます。「そうか○○もあったね」「あそこは□□っていう名前なんだ」などと，日ごろの風景と地図情報を照らし合わせることができたようです。続けて『成田市防災マップ』『成田市地震ハザードマップ』（成田市危機管理課発行，**写真1**）を配付して「成田は安全か？ 危険か？」と問います。はじめは「こんなに平らな場所が危険なの？」と返答しますが，地図に向き合うことで洪水やがけ崩れの危険性が高い地域の分布にも気づきます。

　これらの地図は成田市役所で入手しました。自治体ではたくさんの地図を作成しています。数多くの部署が様々な用途で地図をつくっています。「地理の授業で使いたいので」と頼むと好意的に提供してくれることが多いです。できればクラス人数分もらえるとよいですが，在庫状況や地図の内容によっては20部（二人で1部）や10部（班で1部）ずつお願いすることもあります。生徒へは「市役所の○○課でいただいた」ことも伝えれば，地域調査の授業の参考にもなり，住民として地元の地理情報を知る手段にもなりえます。

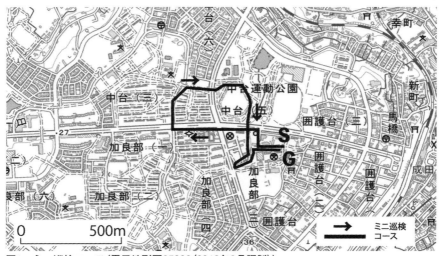

図1　ミニ巡検コース（電子地形図25000〈2019年9月調製〉）

　次に地形図を利用します。詳しい学習は地域調査の時間に行うので、ここでは1/25000「成田」を用意して、学校周辺を読んでみます。成田ニュータウンの玄関口に位置する本校周辺は、計画的に配置された行政機能が整然と立ち並ぶ地域です。地図記号も多く掲載されているので生徒は興味を示します。ところが「学校の"上"に果樹園があるね！」「校舎の"左"に病院があったっけ？」など怪しげな声があちこちから上がります。凡例に気づき正解は出るようですが、官公署って何？」「高塔って何十m？」など疑問は募るようなので、「じゃあ見に行こう！」とミニ巡検に出かけます。地形図のコピーを片手に、県の水道局や土木事務所、保健所や税務署などを確認します。周辺を歩くと「ここってマラソンコースじゃん」と改めて驚きながら、歩行者専用の「緑道」が斜面に沿って配されていることなど、地図記号と照らし合わせることができたようです。後日「また"お散歩"に行きた〜い！」と騒ぐ生徒たちに「散歩ではなく"巡検"です！」と強く言い聞かせて2回目に備えます。

　私たちは毎日たくさんの地図を見ています。テレビの天気予想図や新聞に掲載された地図、カーナビの地図、駅構内や街中の案内図など。生徒たちも身のまわりの生活情報が様々な形態の地図情報として表現され利用されていることに気づくことでしょう。

## 3. 地球儀をつくる ―球体としての地球―

　ここでは二人1組で地球儀をつくります。佐藤崇徳先生（沼津工業高等専門学校）がWeb上に公開しているピンポン玉地球儀を利用します（**写真2**）。用意するのは，ピンポン玉・ペットボトルのキャップ・A4シールに印刷した地球儀の舟型・はさみです。それぞれ二人で一つずつ用意します。ピンポン玉は卓球部から使い古しをもらいますが，100円ショップで6個入りを買うこともあります。社会科など何らかの予算が余った時に買ってもらいます。ペットボトルは校内のごみ捨て場から拾ってきてきれいに洗います。シールはA4に4枚の舟型が入ります。校内のカラープリンターを使いましょう。はさみは日ごろから所在を確認しておくと便利です。

　授業でははじめに舟型を配ります。まずは，本初子午線を指でなぞり，各大陸の位置を確認するように指示します。舟型は12枚組です。次に，「1枚分の舟型の赤道は何kmか？」を問います。あわせて，赤道上の1度の距離や60度上の距離も確認します。すべてに正解できる生徒は半分以下です。ここでピンポン玉とキャップとはさみを配ります。「舟型をどのように切り取るか？」を二人と相

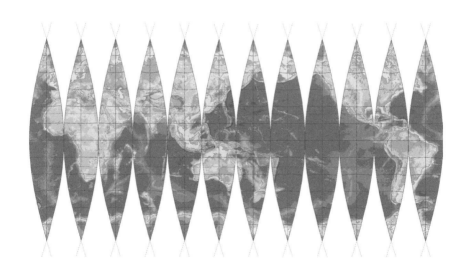

**写真2　舟型のシール**　　　　　　　　　　　　　　　　　　　　　　　　（佐藤崇徳提供）

**写真3　作成中のピンポン玉地球儀**　　　（筆者撮影）

談するように声をかけます。「1枚ずつが正確だ」「全部を一気に切り取った方が楽だ」「3枚ずつつなげると正確に貼れそう」など様々です。特に決まりはないので生徒に任せます。ただし12枚に切り離すと順番がわからなくなるペアも見られるので注意します（写真3）。

　でき上がった地球儀を使って，教科書の記述内容に沿って，本初子午線・対蹠点(せきてん)・南北や東西の方向などを確認します。紙の世界地図ではあまり注目されないエリアも確認してみましょう。例えば，高校生でも北極は大陸だと誤解している者が少なくありません。そこで地球儀で改めて見れば北極海は各大陸に囲まれ，まるで内海のようにも見えてきます。次に，メルカトル図法の世界地図も開いてオーストラリアとグリーンランドの大きさを比較します。あわせてグード図法など正積図法も比較することにより世界地図の様々な投影法の特徴も知ることができます。標高別に色分けされた凡例にも留意することで，「平均高度が最も高い大陸はどこ？」などの質問へと応用することも可能です。

　完成した地球儀はその後の授業でも机上に置きます。特に指示を出さなくても，なんとなく眺めたり手にとって回してみたりする生徒が多いようです。授業では必ず地図帳を開くことと同様に，目の前に地球儀があるという風景も，地理に興味をもってもらうためにはとても大切な環境だと考えています。

## 4．生徒はどこから来るのか？　―地図の種類と特徴―

　ここでは学校要覧を使います。本校は一学年につき普通科5クラスと国際科3クラスで構成され，約1000名の生徒が在籍しています。国際科は全県が学区でもあり，広範囲から生徒が入学してきます。その範囲は，東は銚子市，西は松戸市や市川市，南は市原市や長生郡にもおよびます。出身中学校数は150校をこえます。毎年成田市と佐倉市からは150名前後が，八千代市・四街道市・

千葉市からは100名前後が入学してきます。学校要覧には「出身中学校別生徒数」の表（図2）と「市町村別生徒数」の地図が掲載されます（「あわせて「海外帰国生徒最終滞在国」という表が掲載されるのも国際高校ならではかもしれません）。地図には自治体の境界線が入り、市町村名と人数が数字で印字されています。

　授業ではこれらのページをコピーして配ります。「学習した地図表現を用いてもっと"楽しい"地図をつくってみようよ！」と呼びかけます。出身中学別の表を見ると生徒には興味深い内容のようでしばらくは情報交換が続きます。そのうち、どのような地図として表現するか検討が始まります。多くの班が、まずは図形表現図を候補にあげます。市町村別の人数を円グラフで示す案が多いようですが、中には、円内を男女別に分けたり、円の代わりに棒グラフを使う班も見られます。中学校別の人数を円の大きさで表したり、線路を記入して最寄りの駅ごとの人数を表現する応用型も見られました。また、流線図を考える班もあります。各市町村域から成田へ向けて矢印の太さの違いで通学圏を示したものです。中学校の所在地に点を落とした班からは、「生徒一人ひとりの住所がわかれば正確なドットマップが描けるのに」との発展的な意見も出されます。一方、階級区分図を考える班も少なくありません。「最近は新聞や雑誌でも階級区分図がよく使われているよね」と事例を紹介しながら「でも、絶対値を地図に表現する方法としては適切かな？」と問いかけ、教科書などで地図表現の原則を再

（2）出身中学校別生徒数

| 地域 | 出身中学校 | 1年 | 2年 | 3年 | 合計 |
|---|---|---|---|---|---|
| 成田市 | 下総みどり | 2 | 3 | | 5 |
| | 遠山 | 2 | 6 | 4 | 12 |
| | 玉造 | | | | 12 |
| | 栄泰 | 4 | 5 | 3 | 12 |
| | 公津の杜 | 7 | 13 | 16 | 36 |
| | 成田 | 6 | 5 | 14 | 25 |
| | 成田西 | 6 | 16 | 17 | 39 |
| | 大栄 | 2 | | 1 | 3 |
| | 中台 | 3 | 9 | 5 | 17 |
| 富里市 | 富里 | 6 | 1 | 4 | 11 |
| | 富里南 | 3 | 1 | 5 | 9 |
| | 富里北 | 7 | 5 | 2 | 14 |
| 酒々井町 | 酒々井 | 13 | 7 | 9 | 29 |
| 栄町 | 栄 | 6 | 10 | 8 | 24 |
| 佐倉市 | 井野 | 1 | 4 | 2 | 7 |
| | 白井 | 1 | | | |
| | 白井西 | 4 | 8 | 8 | 20 |
| | 白井南 | 2 | | 6 | 1 | 9 |
| | 上志津 | | 3 | | |
| | 根郷 | 2 | 3 | 2 | 7 |
| | 先志津 | 7 | 8 | 9 | 24 |
| | 佐倉東 | | 7 | | 15 |
| | 南部 | 3 | 4 | 2 | 9 |
| | 志津 | 3 | 9 | | 17 |
| | 西志津 | 3 | 7 | 11 | 21 |
| | 印西 | 2 | 6 | 4 | 12 |
| | 印旛 | 1 | 4 | 7 | 12 |
| | 原山 | | | | 1 |

| 地域 | 出身中学校 | 1年 | 2年 | 3年 | 合計 |
|---|---|---|---|---|---|
| 藤沢町 | 睦沢 | | 1 | | 1 |
| 千葉市 | こてはし台 | 6 | 5 | 4 | 15 |
| | みつわ台 | 2 | 6 | 2 | 10 |
| | 稲浜 | | | 1 | 1 |
| | 越智 | | | | |
| | 花見川 | 3 | 1 | 2 | 6 |
| | 貝塚 | | 5 | 3 | 8 |
| | 幸町二 | | 1 | 1 | 2 |
| | 高洲一 | 1 | | | 1 |
| | 轟町 | | | 1 | 1 |
| | 王山 | 5 | 1 | 4 | 10 |
| | 若松 | 11 | 2 | 5 | 18 |
| | 新宿 | 1 | 1 | | 2 |
| | 千葉大附属 | | | | |
| | 川戸 | | | 1 | 1 |
| | 椿森 | | | 1 | 1 |
| | 幕張西 | 2 | 1 | 1 | 4 |
| | 幕張 | | | | |
| | 横 | | 1 | | 1 |
| | 真砂 | | | | |
| | 蘇我 | | | 1 | 1 |
| | 白井 | | | | |
| 船橋市 | 宮本 | 2 | 2 | 1 | 5 |
| | 御滝 | | | 1 | 1 |
| | 三山 | | | 1 | 2 |
| | 二宮 | | | 1 | 1 |
| | 船橋 | | | 1 | 1 |
| | 大穴 | | | | |

図2　学校要覧の出身中学校別人数一覧

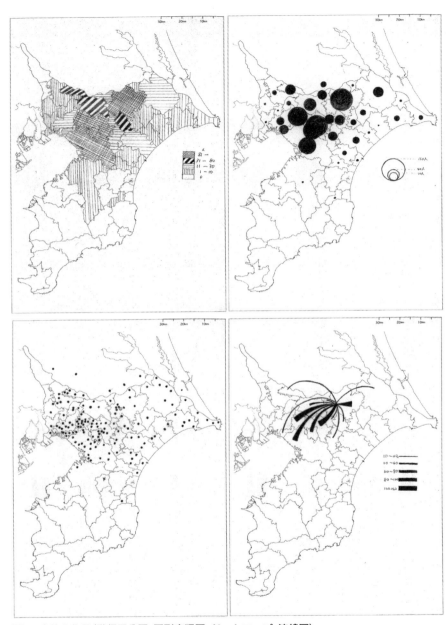

**図3 生徒の作品(階級区分図・図形表現図・ドットマップ・流線図)**

確認します。

　このように，生徒からは様々な地図表現が発表されます（図3）。正解は一つではなく，多くの案は正しい表現方法です。生徒同士でどの班の地図がよいかを検討させるとさらに理解が深まることでしょう。時間に余裕があれば投票させてみるとさらに盛り上がります。こうしてでき上がった「作品」を総務部などの学校要覧作成担当の先生にもち込んで，次年度に「掲載」されることになれば，日ごろの学習成果が「社会化」されるのだ，という実感をもつこともできます。

## 5．おわりに

　ここで紹介した授業では，作業や体験などを多く取り入れました。学習内容に関連する実物教材を使うことにより生徒の理解を深めることができます。さらに身近な事例を用意することにより，生徒は日ごろの生活に関連づけて考察することが可能となります。

　また，多くの場面でペアワークやグループワークを取り入れました。二人で確認したり，3 〜 4人で意見を交わし合ったりすることにより，多様な考えを総合的に理解する助けとなります。さらに，地図を読み取ったり，地図を作成したり，場面において，自分の言葉で説明したり表現したりする活動は，アクティブ・ラーニングにつながる能動的な学習を促すことになるでしょう。

[参考文献]
・真野栄一・遠藤宏之・石川剛（2010）『みんなが知りたい地図の疑問50』ソフトバンククリエイティブ
・石毛一郎（2015）「授業で巡検に行こう！」『房総地理』66　pp.48-57，千葉県高等学校教育研究会 地理部会
・石毛一郎（2016）「授業をアクティブに」『地理の広場』135　pp.33-37，全国地理教育研究会
・籠瀬良明・卜部勝彦（2017）『大学テキスト 地図読解入門 追補版』古今書院
・佐藤崇徳「ピンポン玉で地球儀を作ろう！」
　https://user.numazu-ct.ac.jp/~tsato/tsato/geoweb/ping-pong-globe/
（最終閲覧日：2019年9月20日）

（石毛一郎）

GIS ①

# 2　紙上でGIS, 空間分析の初歩
### ―バッファとボロノイによる影響圏や勢力圏の可視化

## 1.　GIS, 空間分析の初歩

　現代は空間に関する情報が大量に扱われています。これらの多くは私たちが扱いやすいように可視化され, 地図として利用しています。いわゆるビッグデータといわれる大量のデータであっても空間属性があればコンピュータを利用すれば可視化できます。こうしたデータには現地で見えないものあります。例えばよくご存じの気温でさえ, 目に見えないものです。しかし, これを分布図として可視化すれば地域全体の様子として捉えることができます。さらに等値線（等温線）を引くことによってその傾向はより明確に表現でき, 気温の分布はより明確になります。このように図上に何らかの方法のもとに加筆し, より明確な主題図とすることで, 一層思考を深めることができます。これが, GISでいう空間分析の考え方です。「考え方」ということから, Geographical Information Science（地理情報科学）とも呼ばれ, GIScと区別して示すこともあります。これに対して, GISy（地理情報システム, Geographical Information System）としてコンピュータシステムに限定して表現することもあります。地図上に現地で見ることができない線を引く機能はGISソフトウェアに装備されているものですが, いくつかは, 簡単な図上での作図作業で可能です。ここではバッファとボロノイの二つの方法について紹介してみましょう。

## 2.　バッファとボロノイ

　地表面上にはいろいろな事象が分布しています。図1を見て下さい。これらは, ある地域における郵便局と工場の分布を表したものです。地域にサービスを提供する郵便局と生産に特化した工場とそれぞれで対照的な分布形態を表しています。工場は広い土地が要求され, また製品や原料の輸送に都合がよい道路網や港湾といった交通の利用がしやすいところが立地点として選好されます。また, 下請け関係のように工場が集まることのメリット（集積の利益）もでてきま

18　　第1章　地図や地理情報システムで捉える現代世界

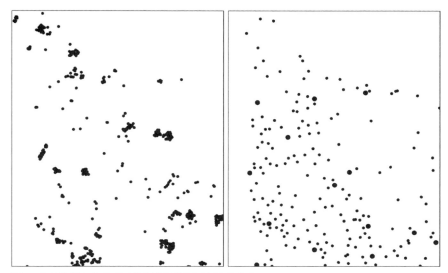

**図1 ある地域における工場（左）と郵便局（右）の分布**

す。このため分布は集塊型となることも多くあります。一方，郵便局は地域に住む方々がサービスを受けるという立場にあります。人々は郵便局へ出向いてそのサービスを受けます。このような人々が集まるような機関は中心機能をもつ機関と呼ばれます。例えば同じぐらいの人口の密集度合いの中では郵便局は満遍なく分布（均等型）することになりましょう。また，郵便局の中には集配業務を行う郵便局とそうでない郵便局があります。集配業務を行う郵便局のサービスエリアの範囲を比べるとそうでない郵便局よりも広くなります。図1（右）中のやや大きな点が，集配業務を行う郵便局です。こうした関係は階層性（ヒエラルキー）といい，多くの事象に見られます。小学校／中学校，警察署／派出所・駐在所，コンビニエンスストア／スーパーマーケット，バス停／駅といった関係でも見られます。

さて，こうしたサービスを提供する機関を使う側から考えてみましょう。まずは，鉄道駅やバス停留所を例に考えてみましょう。徒歩での利用を想定するとどのぐらいの距離までなら，鉄道駅まで，バス停まで歩くでしょうか。鉄道駅なら1500m，バス停なら300mぐらいならどうでしょうか。ということで，鉄道駅からは半径1000m，バス停留所からは半径250mの円を描いてみました（図2）。この円の範囲内が公共交通機関の利便を得られるおおよその目安となる

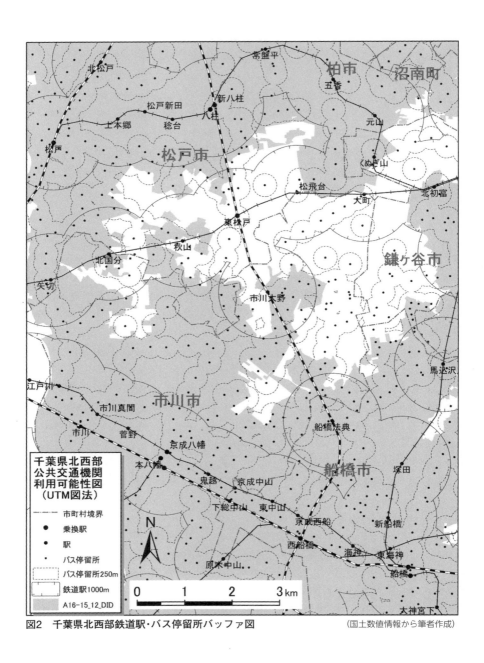

図2　千葉県北西部鉄道駅・バス停留所バッファ図　　　（国土数値情報から筆者作成）

ことがわかります。このようにある地点から等距離(円)のように一定の範囲の影響圏を示して表現した地図をバッファ(buffer)図と呼んでいます。バッファ(buffer)とは,余地とか緩衝領域といった意味です。この地図の中でバッファ円からはずれたところが公共交通機関の利便を得られないところです。例えば鎌ヶ谷市と市川市の境界付近がそうですが,ここはそれほど人口が集中していません。しかし,市川市の一部のように人口の集中地区(Densely Inhabited District, DID)の部分もあります。このようなバッファ図を作図することで,「新たにバス路線を開設するにはどこにしたらよいか」というような計画を考える時に役に立ちます。バッファは鉄道駅やバス停のような点(ポイント)からの距離だけではなく面(ポリゴン)や線(ライン)から一定の距離の範囲を作成することも含みます。例えば,新しい道路を建設した際に,道路による利便性や騒音・排気ガスの影響などを想定する場合,道路のような線(ライン)からの一定の距離のバッファを描いて考察することもができます。

　話は郵便局に戻ります。郵便局は貯金や郵便について扱います。郵便局の違いによって郵便物の値段に差はなく,預貯金の金利の差もありません。どの郵便局でも同じサービスを受けることができるので,住民側から見ればどの郵便局へ行ってもよいことになります。図3を見て下さい。図中に住んでいるXさん,Yさん,Zさんはそれぞれ A, B どちらの郵便局を利用するでしょうか。図中には高い山などもなくどこでも自由に歩くことできるとして考えてみましょう。住民が郵便局を選択する理由は行きやすい,つまり近いということで選択します(最近隣利用仮説)。と,なると,A, Bの郵便局の利用者を集める範囲の境界

図3　どちらの郵便局へ行く?

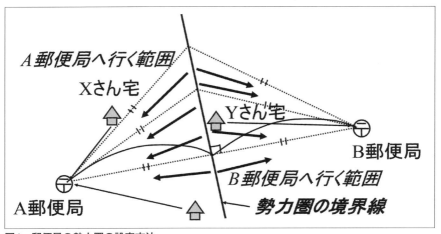

**図4** 郵便局の勢力圏の設定方法

はどのようになるでしょうか。これは，A, Bの郵便局から等しい距離の点の集合，点A, Bの垂直二等分線になります(図4)。図5は地域の隣り合った郵便局の間すべてに垂直二等分線を引いたものです。住民から見るとこの図は「最も近い郵便局はどこか」がわかる図です。郵便局から見れば，「利用者が集まってくる範囲」（勢力圏）を表していることになります。このような空間を区切ることをボロノイ分割と呼んでおり（ロシアの数学者ゲオルギ=フェドセビッチ=ボロノイ [Georgy Fedoseevich Voronoi]に由来），でき上がった図はボロノイ図と呼ばれます。また，この図はティーセン多角形とも呼ばれる（アメリカの気象学者アルフレッド=H=ティーセン [Alfred H. Thiessen]に由来）こともあります。でき上がった勢力圏の形状は人口の均等分布，交通条件の一様性，地形条件の一様性，利用者の合理的行動など一様な状況においては究極的には正六角形になります。そこから離れていくと何らかの道路事情，地形，人口分布の不均衡などが想定されます。

## 3．授業へ

このような題材を授業で扱う際には，何らかの作図を伴った作業的な学習が効果的です。例えば，あらかじめボロノイの図をつくりワークシートとし，着色などをする作業的な学習も可能です。図6は小学校について地理院地図（ズームレベル15）上に小学校の位置を示し，ここからボロノイ図を作成しました。実

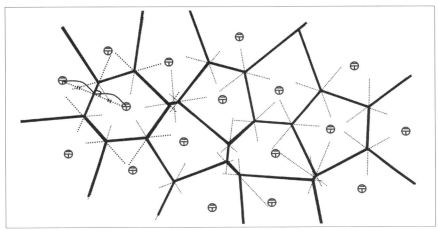

**図5 郵便局の勢力の作図**

際の小学校に通う生徒は学区によって規定されています。学区も表現することから近くの小学校に通うことができない場所を見出すことができます。図6で，地図の中央付近にある法典西小学校に注目してみましょう。東に隣接する塚田小学校の学区の中には法典西小学校の方が近い部分が含まれます。逆に法典西小学校の学区の中には北に隣接する柏井小学校の方が近い部分が含まれています。現実的に小学校の学区を設定する際には，行政区境や道路網など様々な要因が関係してくるので，単に直線距離が近いからということだけでは決めることはできません。しかし，こうした地図をつくることによって，このような部分を抜き出して着色するという作業で，課題を浮かび上がらせることができます。考察が進み学区についての議論を一層深めることができます。

　また，最初にバッファやボロノイの作図方法を示して，地形図などの一般図からサービス機関の分布を探して，それについてのバッファやボロノイの作図をするような学習も考えられます。生徒の自由研究的な課題として利用することがよいでしょう。こうした学習活動はいわゆるアクティブ・ラーニングであり，能動的・主体的な学習が期待できます。また，生活にかかわる題材を扱うので，社会参画への意識の育成や，持続可能な地域の開発といった学習にもつながります。作成した地図を示しながら説明を行うという発表形式学習にも利用可能です。

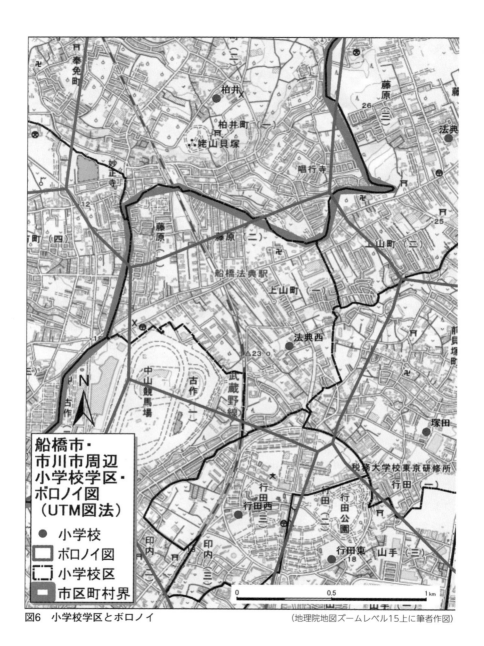

図6　小学校学区とボロノイ　　　　　　　　　　（地理院地図ズームレベル15上に筆者作図）

## 4．おわりに

　バッファとボロノイは相互に関係しています。バッファ図の方は利用者側からの利便を表した図，ボロノイ図の方は郵便局側からの集客を表した図といえるでしょう。バッファ図からサービスエリアについての空白地域を求め，そこに出店したと仮定した場合のボロノイ図を作成することによってその勢力圏を求めて利用者を推計するというように分析することが可能です。コンビニエンスストア以外でも駅，バス停，飲食店，デパート，小中学校，図書館，病院，銀行，保育園，ファストフード店などが考えられます。これらの中には日々出店と閉店を繰り返しているようなものも少なくありません。このようにGISは空間利用を考察するにあたって極めて示唆に富む材料を与えていることがよくわかります。空間情報を可視化した地図はそれ自体が結論（目標）となり，そこから議論の始まりともなります。空間分析はこうした地図に対しての一つの有意義な技能となり，それは，地理的な見方・考え方を大いに涵養します。

[参考文献]
・小林岳人・秋本弘章（2005）「GISって何だろう.」，高橋伸夫編『現代地理学入門－身近な地域から世界まで』pp.64-69，　古今書院.
・小林岳人（2007）「地図作業学習とGIS ―GISソフトウエアを活用した教材及び評価問題の作成」，『教育GISフォーラム研究紀要』4：pp.27-35.
・小林岳人（2018）「地理的な見方・考え方を育成する地理の実践 ―主題図を作成する授業」，江口勇治監修編著『21世紀の教育に求められる「社会的な見方・考え方」』帝国書院，pp.124-133.

（小林岳人）

GIS ②

# 3 GISを活用した授業実践
## ―MANDARAをGISツールとして活用しよう

## 1. はじめに

社会の発展とは，様々な分野の発展や開発が絡み合いながら，それを受け止める人間の主体的活動の中で実現していくものであると考えられますが，近年特に社会の発展に欠かせないのが，情報化の進展ではないでしょうか。コンピュータや情報通信機器は，社会のあらゆる分野に浸透してきており，現代社会において，それらを利用しないで生活することはできないといっても過言ではなくなってきています。そういった中で，次代を担う社会人を育てることを目的にする学校教育においても，情報化が進み，それへの対応を迫られるのは当然と言えるでしょう。

そして，GIS（地理情報システム）は，地理情報あるいは地理科学という視点を，情報科学あるいは情報システムといった技術的側面から支え，地理情報を視覚的に表現することのできるものであり，かつては生徒にとって身近になりづらかった地理情報を，その現代的手法とともにより理解しやすいものにする可能性が大いにあると考えます。

つまり地理情報の抽出や選択，検索や重ね合わせといったGISの情報処理の過程が，講義形式中心であった知識獲得型学習ではなく，生徒自身の意思決定の過程を大切にする主体的な学習の成立を可能にするものであり，地理学習をより能動的で身近なものにしていくのではないでしょうか。

新学習指導要領の高等学校「地理総合」では，「地理的な見方や考え方及び地図の読図や作図，衛星画像や空中写真，景観写真の読み取りなど地理的技能を身に付けること」ができるよう，系統的に留意して計画的に指導すること，その際，教科用図書「地図帳」を十分に活用するとともに，地図や統計などの地理情報の収集・分析には，情報通信ネットワークや地理情報システムなどの活用を工夫することと記述しています。

そして新学習指導要領では，「地理的技能」を「地図から地理情報を読み取り，

26 　第1章　地図や地理情報システムで捉える現代世界

地理情報を地図化する技能」と定義し，それらの活動を適切に行い，技能を高めるための手段として，GISを位置づけているのです。

　また，近年社会科の指導にとどまらず重要視されている「探究的な活動」による学習効果を高めるためにも，「GIS的発想」や「地理情報科学」の方法論が有効であるという指摘はかねてよりなされており，今後地理教育におけるGISの利用は，今までにも増して取り入れられるであろうし，生徒の地理的技能を高めるための手段として系統的，段階的に行われる機会が増えるに違いないでしょう。

## 2．GISを活用した授業実践

　GISフリーソフトに地理情報分析支援システムMANDARAがあります。国土交通省のホームページでも，初等中等教育向け「GIS研修プログラム」として，「MANDARAとは，GISで，様々なGISソフトのうち，最も操作性の簡単な部類に入ります。簡単であるが故に，教員だけでなく，児童生徒も活用できる可能性を秘めています」と紹介されています。本校では，コンピュータ室のPC20台に無料版MANDARAをダウンロードしており，地理Aの授業で実際に生徒が操作する時間を設けてきました。MANDARAは，各種データを多様な表現方法で地図上に示し，空間的な情報をわかりやすく伝えることができますが，データは外部で作成した属性データおよび地図データをインポートして使用していきます。また，図1のように，Excelなどの表計算ソフトからデータを取り込んで簡単に地図化することができ，その他作成した地図をGoogle Earthで立体的に出力することもできるしくみになっています。ここでは，主にこのソフトを用いた授業実践について紹介します。

## 3．MANDARAでグローバルスケールの統計地図をつくろう

　まずはMANDARAで世界地図を描写してみます。データの入手方法は様々ありますが，MANDARAに内蔵されているデータの中にも，付属の地図ファイルがあり，それを活用することもできます。

　まず，【MANDARA起動→メニュー内の白地図・初期属性データ表示→地図ファイルの参照】の手順で，ファイル選択画面に進みます。例えば，二つの図法で世界地図を描写してみます。

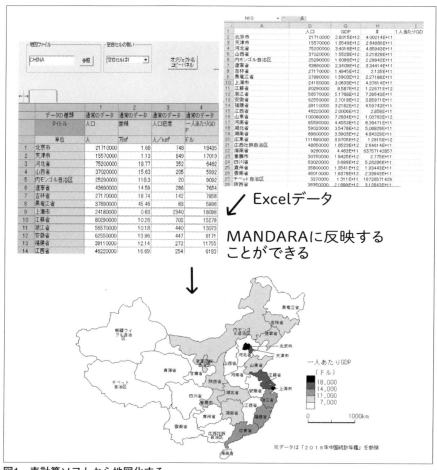

**図1　表計算ソフトから地図化する**

①エケルト図法で描写した世界地図（図2）
②メルカトル図法で描写した世界地図（図3）

　二つの地図を比較すると，大陸の形や面積に違いがみられることがわかります。同じ「世界」なのになぜでしょうか。その答えはもちろん，地球は球体だからです。「球体（3次元立体）を平面（2次元）に表現すること」を地図学において投影法といいますが，これは丸い地球を1枚の地図に表すための「工夫や約束」であるといえるでしょう。地図は世界のあり様を理解するうえで欠かすことのできない手段です。古代から現代にいたる世界地図の歩みは，地理的知識の拡大

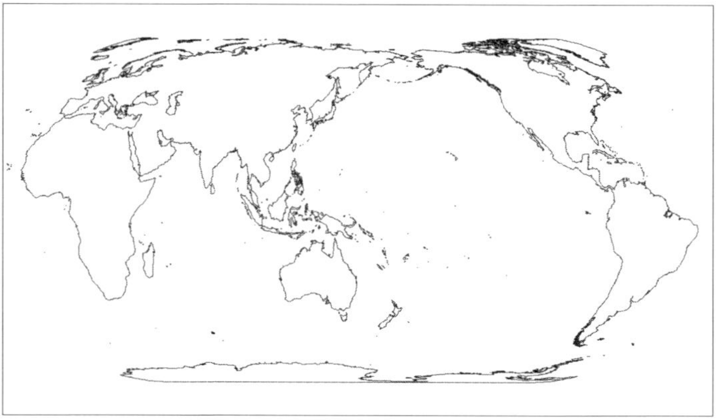

図2 エケルト図法で描写した世界地図

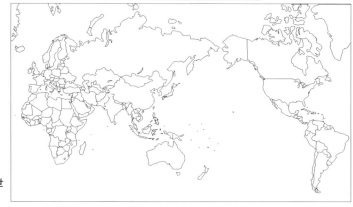

図3 メルカトル図法で描写した世界地図

を示しています。様々な図法の特徴を生徒自身が作成した地図を用いて考察させたり、まずは世界全体を大観することも大切です。図4はその活用実践例です。

　もちろん、MANDARAを用いて日本地図を描写することもできます。生徒たちに、「何も見ないで日本地図を書いてみよう。制限時間は2分間です。」と指示します。普段、ニュース番組の天気予報などで見る日本列島は、沖縄県が区切られ、テレビの画面内に収まるように編集されていることが多いからでしょうか。沖縄県の位置が不適切である生徒が多くいました。また、北方領土までを描写した生徒はごくわずかでした。「これが君たちの今の認識なのだ」と言うと、ハッとしている様子。そう考えると、「世界」というさらに大きなフィールドを思い浮かべることも、きっと彼らにとっては容易ではないのでしょう。地図

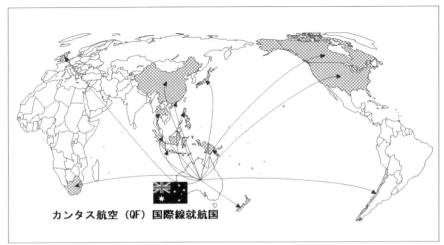

図4　カンタス港空国際線就航国　図2・図3のような世界地図をベースにして，例えば上記のような主題図を作成することができます。

帳も活用しながら，まずは世界全体を見渡す姿勢を養っていくことが大切です。
　もう少し，一つの国に焦点をあてて分析することもできます。図1は「中国における一人当たりGDP」を表したものです（MANDARAで作成）。地誌学習の単元では，まずその国や地域の全体的特色を掴む必要があります。例えば，図1を見ると，東西の経済格差が顕著であることが一目でわかります。また，最新のデータを反映させ，分析することができます。生徒に，図1について次のような発問と指示をしてみました。①中国における国民一人当たりGDPが高い省（区・市）はどのような特徴があるか。②この図に，中国の人口のデータを重ねて表示せよ。MANDARAには，図5の画面にあるように複数のデータを重ねて描写することができる，【重ね合わせ表示】モードというものがあり，これを活用すると自ら新たにデータを地図上に加えていくこともできます。

## 4．MANDARAで「どんな国」？　日本の特徴を読み解こう！

　日本国内については，外部のデータがより豊富にあるため，身近な地域を含むより詳細なデータを地図化することができます。「日本の特徴を，四つの地図を用いて紹介しよう」というテーマで授業を行いました。ただし，四つの地図は何かしらの共通点をもつことを条件とし，様々な視点から日本について考察できるようにします。まず，全員で日本の白地図を作成します。MANDARAを

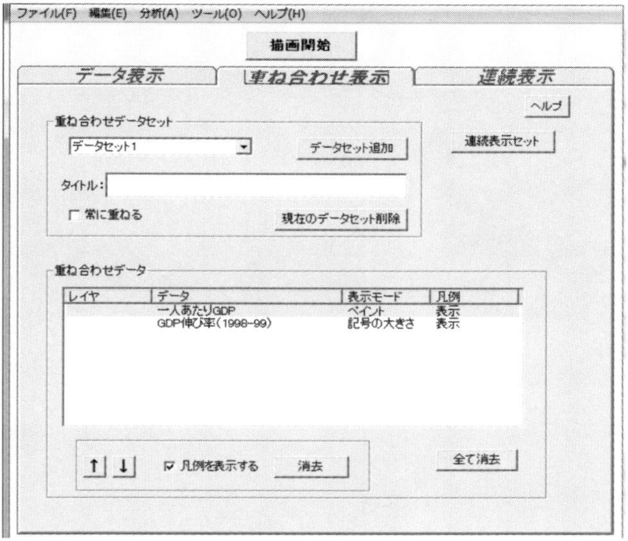

**図5　MANDARA重ね合わせ表示モード画面**

起動し，最初の画面で【白地図・初期属性データ表示】を選択すると，付属デー
タの中の【JAPAN.MPF】というファイルを参照することができます。次に4人
1グループで，作成した白地図にそれぞれデータを重ね，日本の特徴を4人の視
点から考察し，発表してもらいます。次の図6〜図9はあるグループにおいて4
人の生徒がそれぞれ描写したものです。

　このグループは，日本の気候に焦点をあて，地図を作成しました。日本の全年
降水量を見ると，九州地方は全体的に降水量が多いことがわかります。これは，
梅雨前線と台風の影響を受けやすい位置にあることが主な要因です。梅雨の季
節には，梅雨前線に向かって南から暖かく湿った空気が流れ込むため，その空
気が山地にぶつかって多量の雨を降らせるからです。赤道周辺の海上で発生し
た台風も，大陸からの偏西風によって進路を東に変えることが多いため，九州
付近を通ることが多くなります。12－2月の冬の降水量は日本海側で多くなり
ますが，大陸から吹く季節風が日本海で多くの水分を含み，脊梁山脈の風上側
に降水をもたらすためです。

　月別降水量をそれぞれ地図に表現すると，日本が四季それぞれ様々な気候因
子の影響を受け，その変化が明瞭であることを改めて読み取ることができます。
また，日照時間に着目すると，四国を中心とした瀬戸内海地方で多いことが読み

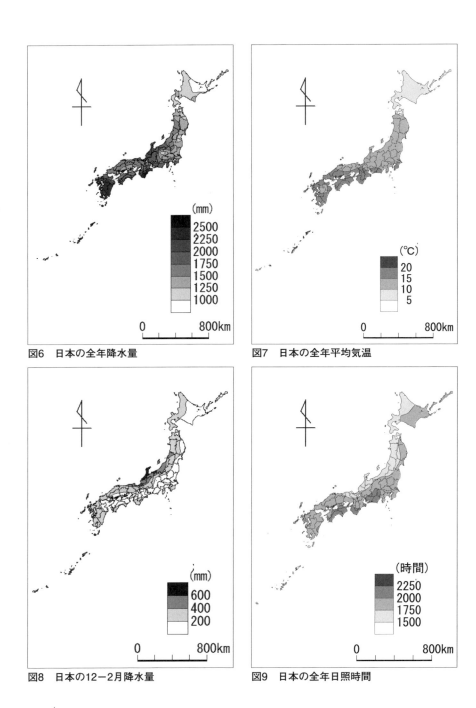

図6　日本の全年降水量

図7　日本の全年平均気温

図8　日本の12-2月降水量

図9　日本の全年日照時間

取れます。瀬戸内海地方は，北は中国山地，南は四国山地に挟まれており，南から吹く夏の季節風は四国山地にあたって水分を落とし，水分を落としきった乾いた空気が瀬戸内海地方に吹き込みます。冬は北西から吹く季節風が中国山地にあたって水分を落とし，水分を落としきった乾いた空気が瀬戸内海地方に吹き込むため，年間を通じて降水量が少なく，晴れることが多いので日照時間が長くなる特徴があります。その他，「日本の人口について」というテーマで取り組んだグループは，①日本の都道府県別人口分布，②日本の都道府県別転入・転出者総数，③日本の都道府県別人口減少割合，④日本の都道府県別高齢者（ここでは65歳以上とする）人口の四つの主題図を作成し，発表しました。

## 5. おわりに

　「GIS」を授業で取り入れるというと，あまりなじみがないと感じるかもしれませんが，MANDARAのようなフリーソフトでも十分に授業に生かすことができます。生徒自身に体験させるには，当然学校のPCにダウンロードする必要があり，各学校の事情もあるでしょうが，教員自身が作成した地図を配付しても意味があります。データ収集をするために外部データを活用することも多いため，ファイル形式を合わせたり，測地系を合わせるのに慣れない部分もあるかもしれませんが，しくみを理解すれば柔軟に活用することができます。様々な情報を地図という一つの媒体で表現することで，生徒自身が地理を学ぶ意義や楽しさをより理解しているように感じています。生徒も，すべての操作を授業の中で網羅することはなかなか難しいかもしれませんが，基本的操作なら幅広く活用することができるでしょう。少しでも授業に取り入れてみると，とても楽しいものとなります。

[参考文献]
・谷謙二（2011）『フリーGISソフトMANDARAパーフェクトマスター』古今書院
・国土交通省「小・中・高等学校教員向け　地理情報システム（GIS）研修プログラムについて」http://www.mlit.go.jp/kokudoseisaku/kokudoseisaku_tk1_000044.html（最終閲覧日：2019年10月7日）
・株式会社みずほ銀行「2019年版中国ビジネス・データ」https://www.mizuhobank.co.jp/corporate/world/info/investment_environment/pdf/china.pdf（最終閲覧日：2019年10月7日）

（鈴木佐知）

**交通**

# 4 「地理総合」に向けての交通の授業
## ―机上旅行，ルート形成，社会変容から交通を学ぶ

## 1． はじめに

　交通は，人々の生活や社会の発展に大きくかかわっています。また，日本では今後，人口減少や高齢化が進むため，現在，交通のあり方が見直されています。

　これらのことから，地理の授業において，交通について学習する意義は大きいといえます。なお，2018年告示の高等学校学習指導要領「地理総合」では，主として「交通」について学習する項目はありません。しかし，大項目「A　地図や地理情報システムで捉える現代世界」において，「国内や国家間の結びつき」について学習する際に，交通に関する諸事象などを様々な主題図などをもとに取り上げることが記されています。以上のことを踏まえ，「地理総合」において，交通に関する授業をつくってみてはどうでしょうか。

　ここでは，「地理総合」において，交通に関する特設単元・授業をつくることを想定して三つの授業を紹介します。三つの授業は，「机上旅行」「交通のルート形成」「交通の発達と社会変容」をテーマとしています。なお，現行の地理の教科書では，都市内交通（身近な地域の交通）や日本の交通についてはあまり記述がありません。ですが，都市内交通や日本の交通も学ぶ意義があると考え，今回紹介する授業は，都市内交通と日本の交通も題材としています。

## 2． 机上旅行を取り入れた授業　―交通に関する単元の導入―

　現在は，交通の所要時間の短縮により，海外旅行にも短期間で行ける時代になりました。そのことを実感するために，単元の導入として机上旅行をします。旅行の設定は，2泊3日で，行き先は韓国とします。

　まずは1日目です。地図帳で東京周辺のページを開きます。地図帳を電子黒板やプロジェクターに映し出すとわかりやすくなります。「学校から，成田空港までの道のりを指でなぞってみよう」と指示します。この時，地図帳には多くの鉄道路線や主要な道路があることに気づくでしょう。

34 　第1章　地図や地理情報システムで捉える現代世界

次に，地図帳で日本と周辺国が載っているページを開きます。「今回は成田から釜山まで行きます。釜山を探して，指をさしてみよう」と指示し，位置を確認します。その後，「釜山までの飛行時間や航空券の価格はどのくらいだろう?」と発問します。授業者から「2時間30分で行ける」と説明すると，生徒は外国を身近に感じます。また，近年はLCCによる運航が行われており，低価格で韓国に行けるようになったことも説明します。その後，地図帳で朝鮮半島のページを開き，釜山から福岡や下関などにフェリーの航路があることを確認します。そして，釜山の市街地や観光地の画像を映し出し，説明します。

　2日目は，高速鉄道KTXに乗って，釜山からソウルに行きます。地図帳で高速鉄道の路線を指でなぞります。KTXは2004年に開通し，釜山とソウルを2時間30分で結びます。この時，陸上交通の高速化を説明します。3日目は，ソウルの市街地や観光地の画像を映し出し，説明します。そして，地図帳で日本と周辺国が載っているページを開き，仁川国際空港から成田まで戻ります。この時，仁川国際空港が，様々な国や地域に航空路線をもつハブ空港であることも確認します。これで，机上旅行は終了です。

　机上旅行のポイントは二つあります。一つ目は，時間や価格など，はっきりとした数値を言うことです。数値を知ると，生徒は驚いたり，交通の発達を実感したりすることができます。二つ目は，電子黒板やプロジェクターに，交通機関や市街地・観光地の写真などを映し出すことです。そうすることで，実際に旅行している感覚に近づき，生徒の気分も高まります。

　机上旅行で交通の現状について楽しく感じ取った後に，現代交通についての要点を学習すると流れがよいでしょう。

## 3. 交通のルート形成に着目した授業　―都市内交通を例に―

　交通について学習する時，現代の交通の現状だけを学ぶだけでは物足りません。そこで，交通のルートの形成に着目してみます。

　例えば，ある2地点を結ぶ鉄道や道路などのルート形成には，標高や地形などの自然環境，都市などの社会的特徴，歴史的経緯などが影響を与えています。言い換えれば，交通のルート形成について学ぶことで，2地点の間の自然環境，社会的特徴，歴史的経緯など複数の事項を知ることにつながります。

　今回は，筆者が作成したシミュレーション教材「千葉都市モノレール建設ゲーム」を取り入れた都市内交通のルート形成の授業を紹介します。シミュレーショ

ン学習の利点は生徒が意思決定をしながら，楽しく体感的に理解できることです。千葉都市モノレールを題材とした理由は二つあります。一つ目は，生徒が居住する千葉県内を結ぶ交通の一つであることです。二つ目は，レールにぶら下がる懸垂式モノレールとしては世界最長の15.2kmの総営業距離を誇る一方で，起点と終点を迂回して結ぶ特徴的なルートになっていることです。

「千葉都市モノレール建設ゲーム」のルールは以下の通りです。

---

**「千葉都市モノレール建設ゲーム」**

**◆ゲームのねらい**

　この授業の間，皆さんは千葉市交通政策課の職員です。このゲームでは，様々な条件を考慮しながら，千葉都市モノレールのルートを計画し，開通するまでを追体験していきます。時代は千葉都市モノレールのルートを計画し，建設を進めていた1970〜1995年ごろとします。

**◆ミッション**

　今後発展が見込まれる臨海部の「千葉みなと」から，内陸団地がある「千城台」までのモノレールのルートを「建設費用」や「乗客収入」を考慮して，できるだけ総ポイント（総費用）が低くなるように計画せよ。

**◆ルート**

(1)ルートの計画と建設費用について

・ルートを計画する時は，縦・横の線または，45度の斜め線を引いてください。

・ルートを計画する時には，建設費用を計算しながら進めてください。

・縦・横に1区間ルートを引く時は10ポイント，45度の斜め線で1区間ルートを引く時は14ポイントが建設費用としてかかります。

・ルートを計画したり，駅を配置したりする時は，他の交通ネットワークや他の駅に重ねてもよいです。

・今回のルートは分岐したり，環状線にしたりせず一つのルートを引いてください。

(2)乗客収入について

・マップ上のターミナル駅や中型駅は利用者が多く，モノレールのルートを重ねると，多くの乗り換え利用者が見込まれます。よって，ターミナル駅・中型駅に重ねてルートを計画すると，ターミナル駅では80ポイント，中型駅では50ポイントが乗客収入ポイントとして費用から差し引かれます。

・マップ上で示されたゾーンは公共施設や団地などがあり，モノレールのルートを通すと，多くの利用者が見込まれます。各ゾーン内にルートを通すと，マップ上で示された数値だけ乗客収入ポイントとして費用から差し引かれます。

**◆参考**

・ルート計画当時は，まだJR京葉線は開通していませんが，西船橋〜千葉みなと間は1986年，千葉みなと〜蘇我間は1988年に開通しました。東京〜蘇我まで全線開通したのは1990年です。

・現在開通しているルートが，総費用が最も安くなるルートはわかりません。様々なルートのパターンについて検証してみてください。

---

36　　第1章　地図や地理情報システムで捉える現代世界

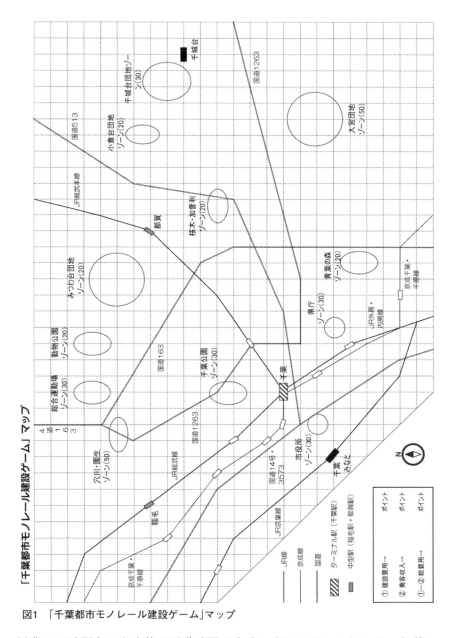

図1 「千葉都市モノレール建設ゲーム」マップ

　授業は，3時間あると生徒の活動時間が十分に取れてよいでしょう。まず，1時間目の導入で，「(勤務校の)行徳高校から最寄りの市川駅までどのように行け

る?」と発問し，生徒は様々な行き方を考えます。これにより，都市には，鉄道や路線バスなど，様々な交通があることに気づきます。その後，地下鉄，モノレール，路面電車，LRT，AGT，路線バスなどの都市内交通について説明します。

　2時間目は，いよいよシミュレーション学習を行います。まず，「県庁所在地の千葉市にあるモノレールは，実は世界一の交通なんだけど，何が世界一?」と問いかけます。生徒からは「高さ」「距離」「乗車人数」などの意見が出てきますが，総営業距離15.2kmで懸垂式モノレール世界一だと確認します。

　そして，「世界最長の千葉都市モノレールのルートはどのような地点を通るように計画されたのか?」と授業テーマを把握して，シミュレーション学習に入ります。25分程度の時間を取ることができれば，余裕をもって活動できます。

　本教材は，Microsoft Excelを使用して作成しました。最も総ポイントが低くなるようにルートを計画すると，現在の千葉都市モノレールの「千葉みなと」〜「千城台」のルートが完成します。この正解ルートは，建設費用が414ポイント，乗客収入が360ポイントで総ポイントは54ポイントとなります。ただし，この数値ですと，乗客収入よりも建設費用の方が高く，赤字になると考える生徒がいるかもしれません。その場合，乗客収入は複数年かけて回収されることで，建設費用や維持費用を上回ることをシミュレーション後に補足します。なお，計画当時の千葉市の職員は，チームでルートを計画しました。そのため，本教材においても4人程度のチーム（班）をつくり，意見を出し合いながら，正解ルートを求めるように進めるのがよいでしょう。シミュレーションを通して，千葉都市モノレールのルートが建設費用や距離，乗客見込み数，乗り換えのし

---

**「千葉都市モノレール建設ゲーム」ワークシート**

1. 「千葉都市モノレール建設ゲーム」を体験してみて，モノレールのルートの計画や千葉市の交通全体について，わかったこと・気づいたことを書いてください。
2. 「千葉駅」は千葉市の交通ネットワークの中で，どのような役割を果たしていますか?
3. 千葉市の交通について説明した①〜④の文のうち，正しいものには○，間違っているものには×をつけなさい。
①千葉駅周辺は鉄道や国道が多方向に伸びており，交通結節点としての役割を担っている。
②千葉駅は，多くの路線が乗り入れているが，新幹線は通っていないためターミナル駅ではない。
③千葉都市モノレールは，千葉みなと駅と千城台駅を最短距離で結んでいる。
④都賀駅はJR総武本線と千葉都市モノレールの乗換駅である。

やすさなど，様々な条件を考慮して計画されたことに気づきます。

複数のルートについて検討し，最も総ポイントが低い正解ルートを見つけ出した班には，挙手してもらい，授業者が確認します。正解の場合には，ワークシートを配付し，全体の活動時間が終わるまで考えます。ワークシートの設問の例はp.40の枠内の通りです。なお，難解な語句には，注をつけます。

3時間目は，ワークシートの内容について，意見を発表したり，正解を確認したりします。設問3の〇×問題の正答は，①…〇，②…×，③…×，④…〇です。なお，「千葉都市モノレール建設ゲーム」のマップには，モノレール以外の他の路線や国道なども書かれており，他の交通との比較や位置関係についても考えることができます。3時間目の最後に，千葉都市モノレール開業の経緯について説明し，授業をまとめます。

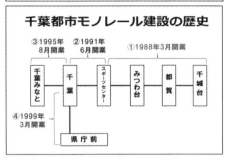

図2　授業で使用するスライドの例

自分でシミュレーション教材をつくるのが難しい場合には，既存の教材を授業で活用するのがよいでしょう。本教材の他にも，山口幸男氏（群馬大学名誉教授）が中心となって作成した「本州横断鉄道ゲーム」や「北海道鉄道建設ゲーム」などがあります。題材となる交通が，生徒の居住地域と異なっている教材も学習する意義はあると考えられます。

なお，現在では，地域の交通の問題について主体的に解決に取り組む「モビリティ・マネジメント教育」が実践されつつあります。小・中学校を中心に実践されていますが，高校地理の授業づくりにおいても参考になるでしょう。

## 4．交通の発達と社会変容に着目した授業　—日本の交通を例に—

新たな交通が開通したり，既存の交通における所要時間が短縮したりすると，人々の生活が豊かになり，社会が発展します。一方で，地方都市の衰退や環境

問題などマイナスの効果をもたらす場合もあります。これらを踏まえると、交通が発達したことで、どのくらい所要時間が短縮し、どのような社会変容が起きたのかについて学習する必要がありそうです。ここでは、日本の交通を例に、交通の発達とその後の社会変容について学習する授業を紹介します。

題材とする地域は、日本の大動脈である東京と大阪を結ぶ交通です。まず、鉄道が開通する前の江戸時代の陸上交通について考えます。江戸時代には、五街道が整備されたことを説明し、下の3択問題を出します。

---

江戸時代、通信（郵便）の役割を果たしたのが飛脚です。江戸から大坂まで通常の並便だと25日ほどかかりました。ですが、幕府の文書を運ぶなど急ぎの御用の時は、もっと早く運ぶこともできました。では、江戸〜大坂を最速、何日で運ぶことができたでしょうか。なお、江戸〜大坂の距離は約550kmです。
　　①約3日　②約7日　③約14日

---

この問題の正解は、「①約3日」です。鉄道も自動車もなかった時代、五街道が整備されたことで、たった3日で情報を届けられるようになったことを知ると、生徒は驚きの声を上げます。また、街道が発達したことによって、江戸時代の後期には、寺社参詣を中心に庶民の旅が認められるようになったことを言い、庶民の生活にも変容があったことを把握します。

次に、鉄道や新幹線が開通した後について学習します。徒歩移動の江戸時代と鉄道開通後の時代とでは、どのぐらいの時間短縮があったのかを知るために、以下の表1をもとに所要時間を計算します。実際に数値を求めることで、所要時間がどのくらい短縮したのかを実感することができます。

その後、鉄道（東海道本線）と新幹線（東海道新幹線）が開通した後の社会変容について、選択問題や○×問題を出して考えます。

**表1　東京〜大阪の所要時間の移り変わり**

| 年代 | 交通手段（ルート） | 距離 | 最高速度 | 停車時間も含めた平均の速度 | 所要時間 |
|---|---|---|---|---|---|
| 江戸時代 | 東海道・徒歩（江戸〜大坂） | 約550 km | | | 約2週間 |
| 1889 | 東海道本線（新橋〜大阪） | 566.2km | 時速 50km | 時速 29.8km | 時間 |
| 1960 | 東海道本線　特急つばめ（東京〜大阪） | 556.4km | | 時速 86.5km | 時間 |
| 1964 | 東海道新幹線ひかり（東京〜新大阪） | 515.4km | 時速210km | 時速129 km | 時間 |
| 2014 | 東海道新幹線のぞみ（東京〜新大阪） | 515.4km | 時速270km | 時速206 km | 時間 |

※所要時間＝距離÷停車時間も含めた平均の速度　　　　　　　　小数点第1位まで求めてみよう！

例えば，次のような問題を出題します。

---

　新幹線が開通すると，東京と大阪の移動時間が短くなり，日帰りで十分行き来できる
ようになりました。そのことはビジネスにも影響を与えました。では，新幹線が開通し
て，大阪では企業（支社も含む）が増えたでしょうか。
　①増えた　②あまり変わらない　③減った

---

　この問題では，生徒の意見が割れます。「新幹線で便利になるから増える」と
いった意見の一方，「東京から日帰りで大阪に行って，すぐに帰れるから支社は
増えない」といった意見が出ます。正解は「③減った」です。増えると思っていた
生徒からは，驚きや疑問の声が出てきます。「交通が発達し，都市同士のアクセ
スがよくなると，大きな都市がさらに繁栄し，小さな都市はさらに衰退する現
象が起きることがある」とストロー効果について説明します。交通が発達するこ
とで，マイナスの社会変容も起きることを認識します。

## 5.　おわりに

　交通網は，複数の地点や広範囲を結んでいます。そのため，授業では地図帳
やICT機器を活用して，交通網を視覚的に捉えられるように配慮する必要があ
ります。また，シミュレーション学習や問題を考える学習，自分の言葉で説明
する学習を取り入れることで，生徒の学びも深まるでしょう。

　交通は，地図・都市・貿易・地誌などの地理の他分野や歴史・公民の学習と
関連します。本稿の「4.交通の発達と社会変容に着目した授業」は歴史と関連し
た授業です。「地理総合」で，交通をメインに学習する時間がとれない場合には，
他分野の授業において，交通を扱ってみてはいかがでしょうか。


［参考文献］
・山口幸男・梅村松秀・西脇保幸編（1993）『シミュレーション教材の開発と実践―地理学
　習の新しい試み』古今書院
・山口幸男編（1999）『新・シミュレーション教材の開発と実践―地理学習の新しい試み』
　古今書院
・唐木清志・藤井聡編（2011）『モビリティ・マネジメント教育』東洋館出版社
・太田貴之（2015）「東京と大阪を結ぶ交通網の変遷を題材とした中学校社会の授業開発―
　複数の時代におけるルート計画シミュレーションゲームを導入して」『授業実践開発研究』
　8　pp.16-31，千葉大学教育学部授業実践開発研究室

（太田貴之）

コラム①

# オリジナル問題がつくれない
## ―ある歴史教師の悩み

　日本史の教員である私が，現在の勤務校で経験した地理担当は2008,12,18年度の3回にわたる。しかも2018年度は，担当16時間のうち，地理Bと地理研究Ⅰ・Ⅱ（学校設定科目）を合わせ毎週10単位分の授業準備に忙殺されている。これが授業だけではなく，毎回3種の定期テスト作成も加わると，その準備などは勤務時間内にこなせるものではなく，連日午前0時を過ぎる日も少なくない。今風に言うなら限りなくブラック企業に近い環境にある。

　中でも一番困っている点は，勤務校が進学指導重点校に指定されているため，センター試験に対応できる力を育成しなければならない点であろう。過去の出題を眺めてみると，データの読み取りが多いことに気づく。センター試験形式のオリジナル問題をつくろうと心に決めるが，地図の加工や数値データ表を自作（これは地理プロパーであっても苦手な作業に違いない）しなければならないため，結果として過去問を転用することが多々ある。安易に穴埋め問題にしたくはないが，熟々（つくづく）自分の力不足を感じる。日々の授業も教材研究に追われ，単元内容を理解するのに精一杯で，生徒を楽しませるような話題のストックが全くない現状にある。これでは生徒にとって，魅力的な授業にならないだろう。また，以前の教科書と比較しても大きな変化（防災や環境の重視やGISなどの新登場）が見られ，過去の担当経験がほとんど生かせず，各単元はつくり直さなければならない。聞くところによると千葉県の南側には，地理プロパーが極端に少ないという。これも困った問題で，プロパーでないと理解不十分な箇所を，職場内で聞けないことになり不安は一層増してくる。

　しかし，楽しかったこともある。今年度担当したことにより大きな収穫もあった。ipadを活用し，グーグルマップの使用や自作プリント・新聞を大型画面に映し出すことで，従来にない授業構成ができたことは今までにない経験であった。授業実施上の不安要素は，ほんの幾分だが軽減されているような気がするが，悪戦苦闘の日々は次年度も続くことになる。

（松本隆夫）

# 第2章

## 国際理解と国際協力

第2章　概要

# 国際理解と国際協力

　本章は，「地理総合」の大項目「B　国際理解と国際協力」に分類できる実践事例をまとめました。「地理総合」の学習指導要領が公示される以前の授業実践を含んでおりますが，どれも「主体的・対話的で深い学び」へ即応可能な，バラエティに富んだものです。

　「地理総合」では，大項目「A　地図や地理情報システムで捉える現代社会」を導入とし，これを踏まえ，大項目Bで国際理解と国際協力の重要性を認識し，大項目「C　持続可能な地域づくりと私たち」へと有機的に接続させています。そのうえで科目の目標である「社会的事象の地理的な見方・考え方を働かせ，課題を追究したり解決したりする活動を通して，広い視野に立ち，グローバル化する国際社会に主体的に生きる平和で民主的な国家及び社会の有為な形成者に必要な公民としての資質・能力」の育成を達成することを目指しています。

**表1　「地理総合」と「地理A」との項目対照表**

(高等学校学習指導要領(平成30年告示)解説【地理歴史編】より)

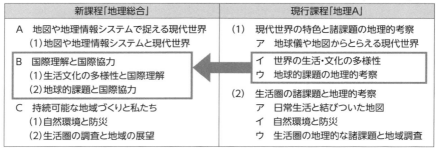

　表1に示したとおり，「国際理解と国際協力」は，中項目「(1)生活文化の多様性と国際理解」と「(2)地球的課題と国際協力」に区分されます。つまりこの大項目は，特色ある生活文化を地理的環境とのかかわりのなかで捉え，また，地球的課題の解決に向けて，それぞれ主体的・対話的で深く学ぶことによって国際理解と国際協力の重要性を認識することを意図しているとまとめることができます。これを，次ページの図1に模式化してみました。

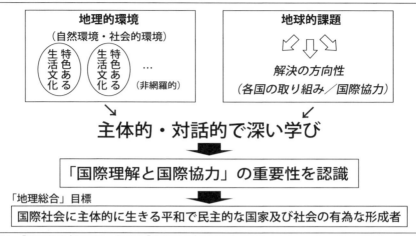

図1 「地理総合」の目標へ向けた「大項目B」のアウトライン

　とくに中項目(1)については，従来の世界網羅的な「地誌」学習になることがないよう意識する必要があります。これは地理のプロパー教員こそやりがちで，自戒の念を込めてここで言及します。というのも，中学校社会科地理的分野「世界の諸地域」の繰り返しや新科目「地理探究」における「現代世界の地誌的考察」との重複を避け，多様な生活の中から生徒が考察するにふさわしい特色ある事例を精選し，主題を設定し問いを立てて多面的・多角的に学習することが求められているのです。そのため，日本と世界の諸地域との共通点や相違点に着目し，多様な習慣や価値観をもっている人々と共存していくための資質・能力の育成がここでの最大の目的です。

　また，中項目(2)では，空間的相互依存作用や地域にかかわる視点に着目して，課題解決を目指した各国の取り組みや国際協力の必要性を理解できるようになることが求められています。そのためには，世界各地の地球的課題の現状を地域的な結びつきや拡がりの中から捉え，その背景や要因そして地域性を踏まえた多様な課題解決の方向性があることを生徒へ伝える必要があるでしょう。その際，例えば国際連合が定めた17の「持続可能な開発目標(SDGs; Sustainable Development Goals)」なども参考になります。

　本章の実践事例をネタの一つに，読者諸氏の多様な教育実践構築を期待いたします。

(後藤泰彦)

## ▶第1節　生活文化の多様性と国際理解

**自然地理①**

# 1　大気大循環は難しくない
### ―ストーリーを立てて学んでみましょう

## 1．自然地理は難しい？

　大学で地理を専門として学んでこなかった方の中には，自然地理の単元を難しく感じられる方が少なくないと聞きます。理科，特に地学分野で取り上げられるメカニズムの説明が難しいと思われるのが一つの理由と考えられます。

　気候の単元において，指導に困難を感じることがある内容に，大気大循環があると思われます。中には，機械的に高圧帯や低圧帯の名前と恒常風の名前を生徒に覚えさせる授業に終わる可能性もあるでしょう。

　しかし，普段の気象情報や天気予報で伝えられる説明や知識を上手に使うことで，大気大循環の説明をストーリー立てて行うことは決して難しいことではありません。どのようにして大気大循環の模式図が描かれるのかを考えながら説明すると，意外とスムーズに生徒の理解は進みます。本稿では，筆者が考えるストーリー構成の例をもとにした学びを紹介します。

　また，現在の地理歴史科の科目構成を考えた時，今後は世界史や日本史を専門とする方が地理の授業を担当することが増えると思われます。ここで取り上げる大気大循環は，決して地理だけで扱われる内容ではありません。歴史の授業でも活用することが可能な素材です。こうした側面も紹介しながら，科目の枠をこえた探究のあり方について検討します。

## 2．天気予報でよく聞くことを知識として整理する

　ここで取り上げる内容は，生徒の実情に応じて扱う時間の長短を考えてもよいでしょう。できるだけ，実際の天気予報や気象情報で耳にしたことがある事柄を生徒に発言させながら，知識の確認を進めることが望ましいでしょう。

### (1)風に関する決まりごと

　ここでは三つの決まりごとを確認します。一つ目は，方位と風向きの関係です。例えば「南風の影響で気温が上がるでしょう」「北寄りの風が強いでしょう」

46　　第2章　国際理解と国際協力

という情報が聞かれます。では南風はどの方位から吹く風でしょうか。意外と戸惑う生徒があるかもしれません。ここでは,『南「からの」風』や『北「からの」風』など,風の吹き出す方位を示していることを確認しましょう。

　二つ目は気圧差と風向きの関係です。台風を例に考えてみます。生徒の中には,台風は中心から周囲に向けて強い風が吹いているというイメージを抱いていることも考えられます。実際はその逆で,中心に向かって風が吹き込んでいます。これを天気図に描かれている高気圧と低気圧の位置,実際の気圧の数字にあてはめて確認させてみましょう。これによって,気圧の高い場所から気圧の低い場所に風が吹くという決まりごとを確認することができます。大気大循環の中で扱われる高圧帯と低圧帯の位置と恒常風の風向を理解するうえでの基本事項として確実に定着させたい事項です。

　三つ目は海陸風を例に,温度差と風向きの関係を考えることです。気圧の高低差に加えて,温度差を考えるために,水と陸地の温度変化の大小についての基本知識を活用します。水は温まりにくく冷めにくいのに対し,陸地は温まりやすく冷めやすいとされています。このことは,冬季の温度についての情報から明らかにできます。陸地で氷点下10度を下回ることがあっても,すぐ近くの海水温は5度前後であることなどから理解できます。これをもとに,温度差がある場合,低温の場所から高温の場所に風が吹くことを確認します。

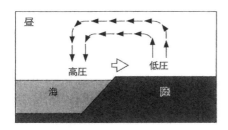 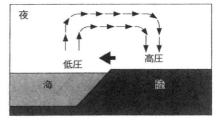

**図1　海陸風発生の模式図**　　　　　　　　　　(仁科淳司『やさしい気候学』古今書院より)

## (2)降水の要因

　生徒には,天気予報や気象情報に限らず,日常の経験に基づいてどのような条件がある時に降水が発生するかを振り返らせてみましょう。

　一般的には四つの要因があります。一つ目は対流性のものです。生徒はこの例として,夏の夕立を思い浮かべることができるでしょう。日中急激に温めら

れた大気が上昇して積乱雲(入道雲)が発達すると、夕方にかけて急に空が暗くなり、短時間に雷を伴う降水が発生します。温められた大気が上昇するという二つ目の要因とも関係することを理解できるでしょう。

二つ目は低気圧が発生している場合で、テレビの天気予報などにある天気図から生徒は想像できるでしょう。上昇気流が発生して冷やされた大気が上空で雲をつくり、降水をもたらすことは理解していると思われます。あるいは、台風は熱帯低気圧という低気圧の一種であることをもとに理解することも可能でしょう。

三つ目は前線によるものです。生徒は梅雨から想像できるでしょう。前線は暖気と寒気という温度差のある大気が衝突することによって形成されます。温暖前線や停滞前線など、前線の種類に言及する必要はありませんが、温度差の条件は確実に理解させておきたいところです。

四つ目は地形の影響がある場合です。ここで取り上げる大気大循環のストーリーには直接関係しませんが、冬季の日本海側の多雪など、風上と風下の降水量の差を説明する際には欠かせないものです。

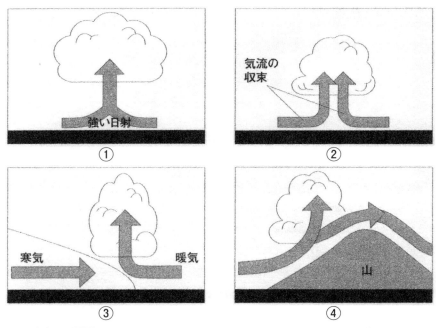

**図2 降水の四要因**　　　　　　　　　　　　　(㈱ベネッセコーポレーション提供)

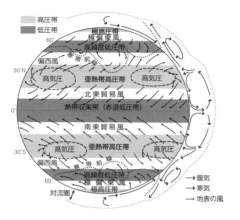

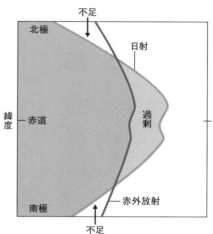

**図3 大気大循環の模式図**
(Diercke Drei (2009) ほかより作成)

**図4 緯度別の熱収支**(長谷川直子編『今こそ学ぼう地理の基本』山川出版社より)

## 3. 大気大循環の説明ストーリー
### (1)高圧帯と低圧帯の位置がわかる

　ここまで確認した知識を活用しながら，いよいよ大気大循環の模式図がどのような意味をもって描かれているかを考えていきます。

　最初に，大気大循環に代表される風の役割を考えてみましょう。気候要素の一つとしての風は，地球上の熱収支と水収支を一定に保つ役割があります。すなわち，風は熱や水の余っている地域から不足している地域へ運ぶ役割があります。

　このことを特に熱収支に注目して考えていきます。地球上で最も太陽からの熱エネルギーを受けるのが赤道付近，逆に最もエネルギー量が少ないのが極付近となります。したがって，最も温まる赤道付近では上昇気流が発生しやすくなり，赤道収束(低圧)帯が発達することになります。一方で熱量の少ない極付近は上昇気流が発生しにくいところです。このことから，極高圧帯(極高圧部)が発達することになります。

　これらを整理すると，赤道付近で発生した温かな上昇気流が高緯度地域に運ばれ，極付近で下降気流となって地表付近に戻り，地表付近を冷たい空気が赤道付近に向けて吹くという循環が考えられます。しかし実際には極まで運ばれることはなく，緯度20〜30度付近で下降気流が発生しています。様々な理由が

考えられていますが，一つの要因として高緯度地域に運ばれた空気が冷やされて重くなることによって，極に届くまでの途中の緯度帯で下降しているとの考え方があります。このことから，緯度20〜30度付近で下降気流が発生し，亜熱帯(中緯度)高圧帯が発達することになります。

## (2)恒常風の風向がわかる

　高圧帯と低圧帯の位置が明らかになることで，地表付近を吹く恒常風を理解することができます。風は高圧帯から低圧帯に向けて吹くことはすでに確認しました。このことを活用します。

　まず，亜熱帯高圧帯から低緯度の赤道収束帯と高緯度地域に向けて恒常風が吹くことがわかります。また，極高圧帯から低緯度地域に向けて恒常風が吹くことがわかります。三つの恒常風が吹く緯度帯はこうして明らかになります。

　では，それぞれの恒常風の風向はどのようになるでしょうか。単純に考えれば，高圧帯からそれぞれ北風や南風として吹くことになるでしょう。しかし実際は図3にもあるように，東寄りの風や西寄りの風として吹いています。これには，地球の自転が大きくかかわっています。地球の自転により，コリオリの力(転向力)と呼ばれる力が働き，北半球では進行方向から右寄りに，南半球では進行方向から左寄りにずれる傾向があります。

　この結果，亜熱帯高圧帯から赤道収束帯に向けて吹く恒常風は東寄りの風となります。これは貿易風と呼ばれています。逆に亜熱帯高圧帯から高緯度地域に向けて吹く風は西寄りの風となり，風向きから偏西風と呼ばれています。そして，極高圧帯から低緯度地域に向けて吹く風は東寄りの風となり，風向きから極東風(極偏東風)と呼ばれています。

## (3)偏西風と極東風が衝突すると

　亜熱帯高圧帯から吹く偏西風と極高圧帯から吹く極東風が衝突する緯度帯，およそ緯度40〜60度付近ではどのような現象が起きるでしょうか。

　この緯度帯には，亜寒帯低圧帯(寒帯前線帯)が発達します。偏西風は低緯度地域から暖気を，極東風は極から寒気をもたらします。温度の異なる大気が衝突する場所では大気が不安定になって前線が発生します。よって，低圧帯(前線帯)が発達するのです。特に緯度40〜50度付近で地表付近を吹く偏西風やその上空を吹くジェット気流の影響で西から東に周期的に天気が変わることを関連づけて理解することも可能です。

　ここまで大気大循環の模式図に示されている高圧帯と低圧帯，恒常風の位置

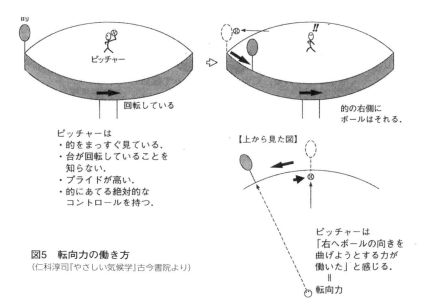

**図5 転向力の働き方**
（仁科淳司『やさしい気候学』古今書院より）

関係と要因をストーリー立てて考える方法を示してきました。話のまとめとして，世界の主要な海流の流れる方向が恒常風と深い関係をもっていることを，地図を通して確認することもできます。実際，生徒も身近な事例を積み上げることで理解できたという感想がありました。

## 4. 歴史とも関係が深い恒常風

　2001年度の大学入試センター試験「地理B」の追試験で次ページのような出題がありました。コロンブスが恒常風を巧みに活用して航海を成功させた史実について，地図から成功の要因を考えさせる出題でした。

　このような出題からは，地理的な見方・考え方を通して歴史の事実を考察する楽しさを感じることができます。また，人類の歴史と自然環境のかかわりを考えさせるという点でも，科目の枠をこえた連携の意義や価値を見出すことができます。そして，これからの時代に求められる学力として，単に知識を獲得するだけではなく，得られた知識をもとに初見の資料を読み取り，考える思考力や判断力の育成が重要であることを示唆するものといえます。

　なお，例示した大学入試センター試験問題中の選択肢の中には，モンスーン（季節風）に関する用語も含まれています。本稿で取り上げた恒常風のみならず，モンスーン（季節風）を効果的に活用した史実は，古代ローマとインドの間で行

**図6　恒常風を活用した史実の例（センター試験の出題例）**
(大学入試センター提供)

われてきた季節風交易や遣唐使の航海などが知られています。また，このような季節風を活用した史実は，世界史と日本史の教科書や資料集の中にも記述がみられます。

　現行の学習指導要領のもとでは，特に世界史の導入単元の中で，自然環境を上手に活用した史実を取り上げることが示されています。地理と歴史の連携・融合を模索していくうえで有効な題材といえるでしょう。なお，本稿とは少し離れますが，筆者は地理授業の中で季節風を扱う際に，遣唐使などの史実を関連づける実践を試みたことがあります。生徒からは，具体的な史実と結びつくことで自然現象についての理解が深まったという感想が聞かれました。このよ

写真1　板書例　　　　　　　　　　　　　　　　　　　　　　　　　　　　　　（筆者撮影）

うな地理と歴史を関連づける授業が生徒の関心を高めるうえで一定の成果を上げたことを付記します。

## 5．おわりに

　地理授業で扱われる内容にはストーリーを見出しにくいという声も聞かれます。しかし，本稿のように身近な話題や実例を積み上げながら，論理を組み立てていくことによってストーリーを描いていくことは可能であると思います。

　ところで，筆者は高校時代に地理を履修していません。それでも大学で地理学を専攻し，これまでに地理をはじめとする地理歴史科・公民科の全科目を担当してきました。2022年度からの「地理総合」必修化に伴い，地理の履修経験のない方が地理授業を担当することも増えるでしょう。その際，地理と歴史は，それぞれが得意とする空間的視点と時間的視点を融合する関係にあることを前提に単元設計をすることが必要です。各教員の専門性や特長を生かした当該科目の授業を構築することと，様々な立場からの実践例の蓄積と共有を進めることが望ましいと考えます。

[参考文献]
・高橋日出男・小泉武栄編著（2008）『地理学基礎シリーズ2　自然地理学概論』朝倉書店
・仁科淳司（2003）『やさしい気候学』古今書院
・水野一晴（2015）『自然のしくみがわかる地理学入門』ベレ出版

（藤田　晋）

**自然環境②**

# 2 気候学習から規則性を発見させる
## ―ケッペンの気候区分の記号表示，気候分布，気候因子との関係に注目！

## 1. はじめに

　世界全体の気候区分は，熱帯，乾燥帯，温帯，冷帯，寒帯の区分から始まります。そして気候分布の様子，気温，降水量などの気候要素の特徴や植生・土壌の広がり，農業生産の地域区分へ，また自然条件と相関関係にある衣・食・住など文化的特徴の分布へと学習がつながっていきます。

　各気候帯のイメージは，上記の学習による積み重ねでつくられますが，実際の授業では，教師の説明，写真やデータなどの資料による知識の積み重ねによりつくられる傾向があります。また気候用語の漢字が示すイメージも大きいと思います。

　さらに気候区分を細分化したものに注目すると，

　　　○熱帯雨林気候　〜　暑く雨が多く，木々が生い茂る気候？

　　　○地中海性気候　〜　地中海を中心とした地域のみの気候？

　　　○温暖湿潤気候　〜　ほどよい気温で，雨が多い気候？

　　　　　　　　　　　　　湿潤と雨（多雨，少雨）との違いに疑問

　　　○西岸海洋性気候〜　大陸の西岸で海に接する地域のみの気候？

　以上のように，分布や特徴を漢字のイメージで固定化したり，誤解を招いてしまうものもあるのではないかと思われます。

　さらに乾燥帯（ステップ気候，砂漠気候）の場合，その分布が内陸のみに広がる印象が強いようで，これらは，気候の学習が知識を重視した学習に偏っているために生じている弊害と考えられます。

## 2. 気候学習の事例

　気候の学習にどのくらいの時間を割くべきか，設定された科目や単位数にもよりますが，表1に事例を示します。

54　第2章　国際理解と国際協力

**表1　気候学習の授業形態**

| | 小単元 | 授業内容 | 時数 |
|---|---|---|---|
| 1 | 気候とは | 気候の導入学習として,気候の地域的違い,気候因子や気候要素などを説明する | 1時間 |
| 2 | ケッペンの気候区分 記号区分の理解 | 気候区分を記号区分重視で説明する 記号区分の分類方法は,雨温図から違いを読み取れる程度のわかりやすさとする | 1時間 |
| 3 | 気候区分の規則性発見 | 気候区分図や海流図を提示,生徒には班別討議などで自由に規則性を発見させ,全体でまとめの時間をつくる | 1時間 |
| 4 | 気候区分の規則性確認 | 前時に出されたものを再確認,整理する | 1時間 |
| 5 | 各気候帯の様子 (植生や土壌) (生活や文化) | VTR,写真など視聴覚教材を十分に活用して,日本(Cfa気候)との違いを気づかせる。(推奨NHK高校教育講座地理など) | 3時間〜5時間 |

気候学習を五つの小単元に分け,7〜9時間で構成しました。

小単元1は,教師の説明が中心の授業進行を想定しています。

小単元2では,ケッペンの気候区分の記号表記が,系統的に整理されたものと気づかせる必要があります。時間的余裕があれば実際に気温や降水量のデータから区分をさせるなどの作業学習により,理解を深めることができます。

小単元3では,図1を示したうえで,地図上から気づく規則性を生徒に積極的に発見させます。生徒の読解力,読図力の違いにより,様々な意見が出てくることが予想されますが,授業後半のまとめの部分で,教師が生徒の発見を次の授業にうまくつなげることを考えて,整理する必要があります。

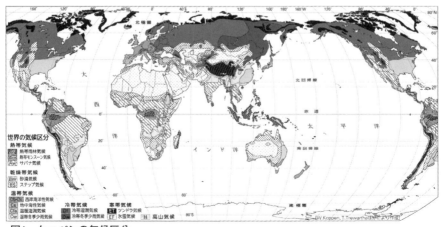

図1　ケッペンの気候区分

小単元4は規則性の整理が中心ですが，余裕があれば規則性を活用した問題を出題し，考えさせることで理解が深まります。

小単元5は，各気候帯（気候区）を日本（Cfa）との違いを意識させながら，景観や人間生活の違いを，視聴覚教材を多用して気づかせます。各気候帯のまとめの意味で，NHK通信高校講座などを視聴させるのもよいと思います。

また生徒に興味関心の高い気候帯（気候区）について調査させ，発表学習を展開させることもおすすめです。

## 3. 分布の規則性に気づかせる学習シートの活用

地理の学習では，教科書や地図帳，さらに資料集をそろえる場合が多く，机上の冊子の情報量は豊富です。私は，生徒がわかりやすく学習しやすいよう，学習シートを活用します。気候学習の授業形態（**表1**）の小単元3の授業で，生徒に配付する学習シートの内容を紹介します。まず，**図1**に海流図の入った地図をB4判，またはA3判のシート全体に拡大して掲載したものを学習シートAとして用意します。

続いて学習シートBを次の内容で構成します。

(1)タイトル：気候区分や海流〜その配置に何か特徴がありませんか？
(2)指示内容
①必要に応じて分布をわかりやすくする意味で作業学習を取り入れる。
〈指示例〉学習シートAに
　　　　　・Cfa，BW，Cfbの気候区をそれぞれ着色しなさい。
　　　　　・暖流を赤色で，寒流を青色でなぞりなさい。
②発見を記述するための指示
〈指示例〉気候区分の広がりや海流の流れ方，気候区分と海流の位置関係など何か気づいたことはありませんか？ 相談してもよいので，メモ欄に記入していきましょう。
③授業のまとめ（規則性の発見を整理する）
〈指示例〉皆さんから出た規則性の発見について簡単にまとめましょう。以下の欄に整理してください。

学習シートBの内容を，班をつくり，親和図法（**図2**）を用いて模造紙にまとめることも可能です（班員4〜6人程度）。学習シートAを活用した分布をわかり

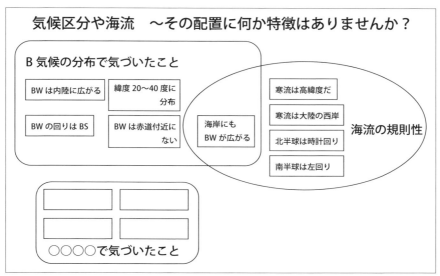

図2 親和図法のイメージ

やすくする作業学習を指示した後に，
① 発見を記述するための指示
　〈親和図法の指示例〉気候区分の広がりや海流の流れ方，気候区分と海流の位置関係など何か気づいたことはありませんか？　用意した付箋紙に気づいたことを記入して，模造紙に貼りつけてください。似通った内容の意見は，近づけて貼りつけましょう。
② 授業のまとめ（規則性の発見を整理する）
　〈親和図法の指示例〉皆さんから出た規則性の発見（付箋紙の意見）についてまとめましょう。模造紙の上に貼りつけた付箋紙が，いくつかのグループに分けられています。グループを模造紙上でペンで囲み，グループにタイトルをつけてください。そして模造紙がどのように構成されているか，各班で発表してください。
　その他にも規則性の発見を促す資料はあります。以下に列挙します。
・大気の大循環を示した図
・同緯度で大陸の西側，中心部，東側での気温を示した図
・気候帯による降水の特徴を示した図
・雨温図の比較

・砂漠気候の成因を示した図や資料　など

　規則性の発見を促す資料は，その資料の理解度が重要です。多くの資料を提示すると情報過多になる場合もあるので，注意する必要があります。

## 4.　生徒に気づかせた規則性①（記号区分による気候区分の分類）

　ケッペンの気候区分は図1のように必ず地図帳に記載されています。一見すると複雑で，理解するのもたいへんに感じますが，実はわかりやすくできています。

　それが気候区分の記号表記です。記号表記はアルファベットの大文字と小文字を2～3個組み合わせてできています。

　記号表記の左側は，順にA（熱帯），B（乾燥帯），C（温帯），D（冷帯），E（寒帯）の5文字からなり，赤道から北半球，南半球それぞれ北極，南極へ向かって低緯度から高緯度へA→B→C→D→Eと分布します。

　記号表記の2番目は大文字と小文字があります。大文字は無樹木気候のBとEのみに使用され，BS（Sはsteppeの頭文字），BW（Wはwasteの頭文字）です。降水量はBS＞BWなので，その分布はBWをBSが囲むように分布します。ET（Tはtundraの頭文字），EF（Fはfreezeの頭文字）です。気温はET＞EFなので，その分布はEFが高緯度や内陸部に分布します。

　小文字は樹木気候であるA, C, Dに用いられます。種類はf, s, wですが，特にsとwは無樹木気候のSとWとは異なるので注意が必要です。

　fはfeucht（湿潤，湿ったなどの意味で，独語の頭文字。英語ではwet, damp, moistの意味，fallのfと考えるのはいかがでしょうか？），sはdry summerのsummerの頭文字，wはdry winterのwinterの頭文字と考えると理解しやすいです。

　ケッペンはドイツ人なので，独語の頭文字を使用したと思いますが，ゲルマン系の言語である英語表記も頭文字が同じ場合が多いのです。また，各気候帯の分類基準は，簡潔化した方が理解させやすいと思います。筆者の授業では，以下のような基準を示して，雨温図をデータとして気候分類をさせました。

　ケッペンの気候区分については，高校地理の資料集などに，気候区分の判定を示す資料が掲載されています。『理科年表』などから，世界各地の気温や降水量のデータを引用し，判定の条件にあてはめさせ，分類させる学習も，ケッペンの気候区分のしくみを理解させるうえでは有効です。

58　　第2章　国際理解と国際協力

Af （最寒月平均18℃以上，年中降雨）
Am （この分類は必要か？middleのmと考えてモンスーンの影響を受けやすい低緯度沿
　　　岸部やAfとAwの中間地点と理解させる。年降水量と最少雨月降水量の関係で分
　　　類すると複雑になる）
Aw （最寒月平均18℃以上，冬に乾燥＝乾季あり～亜熱帯高圧帯の影響下）
BS 乾燥限界の計算式があるが，降水量が約500mm/年以下考える
BW 同じく降水量が250mm/年以下と考える
Cf 以下の二つに分かれる（最寒月平均18℃未満～－3℃以上，年中降雨）
Cfa （最寒月平均18℃未満～－3℃以上，最暖月平均22℃以上）
Cfb （最寒月平均18℃未満～－3℃以上，最暖月平均22℃未満＝涼しい夏）
Cs （最寒月平均18℃未満～－3℃以上，夏に乾燥～亜熱帯高圧帯の影響下）
Cw （最寒月平均18℃未満～－3℃以上，冬に乾燥）
Df （最寒月平均気温－3℃未満，年降雨）
Dw （最寒月平均気温－3℃未満，冬に乾燥　シベリア東部に分布の気候区）
ET （最暖月平均10℃未満，最寒月平均0℃以上）
EF （最暖月平均10℃未満，最寒月平均0℃未満）

## 5． 生徒に気づかせた規則性②（気候区分の分布と海流との関係）

　分布に影響を与える気候因子は，緯度，地形，海抜高度，地表面の状態，海からの距離，海流，大気の大循環などが考えられます。これらが風や雲を発生させるとともに，気候区分のベースとなる気温や降水量に影響を与えています。ケッペンの気候区分は，気候因子と密接に関係しており，そこから分布の規則性を発見することができます。

### (1)A気候の規則性

　低緯度の赤道低圧帯から貿易風の地域へ分布しています。赤道付近のAfからAm，Awと高緯度側に広がり，Awはwの時期（北半球は12～2月ごろ，南半球は6～8月ごろ）に，亜熱帯高圧帯の影響を受けて乾季となります。

　またギニア湾岸や東南アジアでは，熱帯モンスーンの影響を受けたAmの分布が顕著です。

### (2)B気候の規則性

　亜熱帯高圧帯の発生する地域に分布していますが，広大なユーラシア大陸ではやや高緯度にも分布する傾向があります。BWを囲むようにBSが分布します。注目すべきは，亜熱帯高圧帯の発生する緯度において，大陸の西岸のみにB気候が分布し，海洋との接触地域でも砂漠が広がっていることです。その海洋部分には寒流が流れています。寒流は水分蒸発が少なく，降雨を発生させな

いためです（南アメリカ南部に偏西風の風下地域としての例外があります）。

## (3) C気候の規則性

　緯度的には亜熱帯高圧帯から吹く偏西風の地域に分布しますが，海洋（暖流）の影響を受けています。Cfaは大陸東岸の南北回帰線から高緯度側に，暖流の影響を受けて分布しています。Cwはそれよりも低緯度側に分布しますが，その他の気候因子の影響も強く，分布の規則性を見つけるには難しい印象の区分です。しかしながら大陸の東岸では，赤道付近から高緯度に向けて，Af→Am→Aw→Cw→Cfaの傾向を見つけることができます。

　Cs気候はB気候が分布する大陸の西岸に広がっています。その高緯度側にCfbが分布します。B気候は寒流の影響を受けていますが，Cfbは暖流の影響を受けています。西岸海洋性気候と呼ばれる所以ですが，大陸の東岸のCfaの高緯度側にも分布する場合があります。

## (4) D気候の規則性

　緯度的には温帯の高緯度側に分布しますが，内陸部はBS気候が，沿岸部ではCf気候が低緯度側に接しています。また，緯度40〜60度付近に広がる気候帯であるため，その位置に大陸がほとんど存在しない南半球には，分布が見られません。Dwはユーラシア大陸北東部（シベリア東部から中国東北部付近）のみに分布します。

## (5) E気候の規則性

　緯度的にはD気候の高緯度側にET気候，EF気候の順で分布します。南半球は南極大陸でEF気候です。しかしET気候は低緯度でも高度がある地域に分布しています。チベット高原やアンデス山脈が該当します。緯度と海抜高度関係で考えますと，赤道付近の低緯度の高原にC気候が，温帯地域の高原にD気候が分布していることにも気づきます。

## (6) 海流と気候区分の規則性

　世界の気候区と海流の分布を示した地図を見ると，太平洋の北半球側と大西洋の北半球側で，海流が似た循環を示していることに気づきます。同様に太平洋の南半球側，大西洋の南半球側，インド洋の南半球側でも同様です。それを模式図で示したものが図3です。地球の自転の影響を強く受ける赤道付近で，表層の海流は自転の反対方向へ向かい，大陸にぶつかって高緯度方向に流路を向けて暖流となります。高緯度へ進むにつれて水温が下がり，低緯度側へ向かう場合は寒流となります。暖流は大陸の東側を高緯度へ向かって流れ，寒流は大陸

の西側を低緯度へ向かって流れる。これが海岸の地形を無視した基本的な海流の循環の規則性です。さらに暖流は海面上からの水蒸気の蒸発量が多いため、降水をもたらします。降水量をもたらす暖流が流れる大陸東岸は回帰線周辺までA気候が広がっています。その高緯

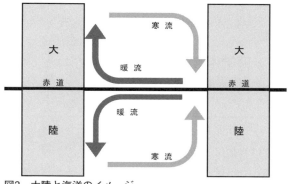

図3　大陸と海洋のイメージ

度側には、Aw気候、Cfa気候と年間降水量が比較的多い気候区が存在します。

対する寒流は海面上からの水蒸気の蒸発量が少ないために沿岸部であっても降水は発生しにくくなります。中緯度における大陸の西岸にB気候が広がる根拠となり、チリのアタカマ砂漠、アフリカのナミブ砂漠や北アフリカ西岸の砂漠、西オーストラリア沿岸部の砂漠、カリフォルニア沿岸部の砂漠は、共通の要因です。

実際の海流は、半島や湾など実際の地形により複雑な流路を示していますが、海流を模式図的に捉えて、気候区分との関係に見られる規則性を発見させることで、海流名やその寒暖を覚えさせるなど知識重視になりがちな地理の学習を変化させる一例となります。

## 6．まとめ

ケッペンの気候区分の方法を確認したり、気候区の広がりを気候因子や気候要素の観点から見つめることは、一定の規則性に気づかせることになります。興味関心の高い生徒には、深く受け入れられる部分ですが、やはり知識偏重的な傾向が強い学習になります。しかし、気候学習は気候区の特徴を掴み、植生・土壌や人間生活や産業の特性と結びつけて、私たちが暮らす社会との違いを探し出すことができ、地理的な思考力、判断力の根拠として十分に活用することができます。

（小林一雄）

**産業①**

# 3 日常生活中で無意識にかかわっている産業の恩恵と副作用
—産業学習の新たな視点

## 1. はじめに

私たちは様々な形で産業の恩恵を受けています。以下の3実践のうち,「電話番号＆郵便番号」「宇宙基地の立地」は産業発展にかかわる事例です。一方,産業発展の副作用に苦しむ近未来も意識しなければならないと思います。最後の「航空機の離陸・飛行への支障」は,その例として紹介いたします。

## 2. 自宅の電話番号と住所・郵便番号を書けますか？

最近,街角の公衆電話がめっきり減りました。また,郵便局の年賀葉書発行枚数が2003年をピークに下落の一途をたどっていることも報じられています。これらはもちろん,携帯電話・スマートフォン(スマホ)の普及が要因で,この四半世紀での情報・通信技術の目覚しい進歩に拠ります。人々の連絡手段は通話・手紙から電子メール・SNSなどへと着実に変化しています。

そこで,生徒に自宅の電話番号と住所(郵便番号を含む)を書かせてみようと思いました。かつてならあたり前であったこのようなことが難しくなっているように思います。その理由を生徒は「友人・知人との連絡は携帯電話・スマホを使うので,自宅の電話番号や住所を相手に教える必要がない」「自宅にある固定電話を使わない」「そもそも自宅に固定電話がない」「手紙を郵便で送ることもない」などとあげました。想定通りの反応ではあります。

時代背景が変容しているとはいえ,ビジネス・公式の場では固定電話を用い,文書・書簡を交わすうえで郵便はまだ使われています。また,インターネット通販・電子商取引(electronic commerce)の急速な普及は,注文した商品を自宅へ届けてもらう際に住所・郵便番号が必須の情報です。PC画面上の注文フォームに自宅地域の郵便番号を入力すれば,番地を除いた住所が自動的に呼び出されて記載が簡単に済んだ経験のある生徒もいるでしょう。これらに気づけば,生徒たちも無意識に利用していたとの認識に至るでしょう。

62 第2章 国際理解と国際協力

では固定電話の市外局番や郵便番号はどのようにふられたのか，理解していってもらおうと思います。以下には，①都道府県コード番号，②固定電話の市外局番，③郵便番号の上二桁を示した3地図を示します。

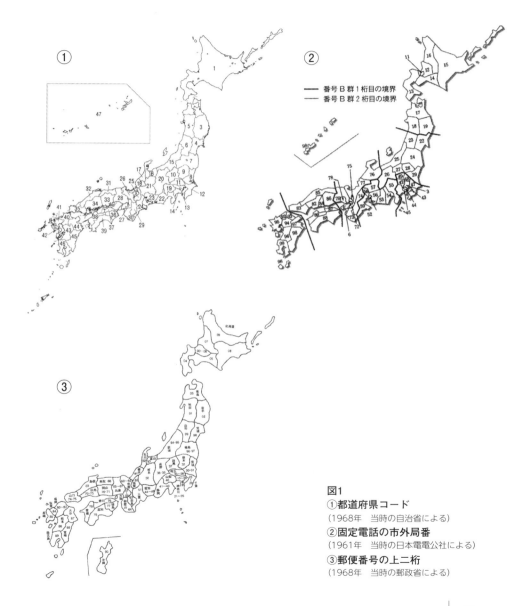

**図1**
**①都道府県コード**
(1968年　当時の自治省による)
**②固定電話の市外局番**
(1961年　当時の日本電電公社による)
**③郵便番号の上二桁**
(1968年　当時の郵政省による)

【図1をふまえての生徒への発問と解答・解説例】
Q1「固定電話の市外局番や郵便番号はいつから使用が始まり,なぜ導入?」
A「資料図にあるように市外局番は1961年,郵便番号は1968年。参考として最初に掲げた都道府県コードは,都道府県対抗駅伝などでも用いられているが,これも郵便番号と同年の1968年に導入。三者とも導入年次は高度経済成長期にあたり,企業と家庭いずれの場面でも情報化社会の到来でやりとりされる情報量とそれを捌く需要が急増した時代」

ちなみに固定電話の番号全体は十桁で以下の構成となっています。市外局番はB群に相当します。

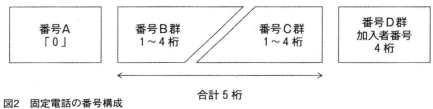

図2　固定電話の番号構成

Q2「電話の市外局番の付番規則性は?」
A「北から10番台をスタートして南へと順にふられているのは,細部の違いはあるものの都道府県コード(北海道01〜沖縄47)に類似」
Q3「郵便番号の上二桁の付番規則性は?」
A「地域番号と呼ばれる郵便番号の上二桁も,都道府県コードや電話の市外局番に類似はしており,地域毎の付番規則性は見られる。ただし,郵便配達通数が多く,番号読取機が読み取りやすいとされる10番台に東京が充てられ,ここを基準に西へ90番(沖縄県)までふられた。時代は沖縄の本土復帰(1972年)前であるが,復帰後を見据えて沖縄に90番を確保。91番以降は付番されていなかった北陸地方に飛び,東北地方〜北海道は00番台へ」

郵便番号は1968年から30年にわたって全体で五桁(上三桁までが地域番号,下二桁が枝番。)でしたが,1998年からは五桁時代の規則性をふまえたうえで大字レベルにも番号がふられて七桁化され20年が過ぎました。郵便番号制度は半世紀の歴史を迎えたわけです。
Q4(さらに,1998年まで続いた五桁時代の千葉県の郵便番号(次ページの図)を事例に,各県レベルでの付番規則性を尋ねます。ここでは時代の移ろいに合わ

図3 千葉県の番号分布（五桁時代）
（当時の関東郵政局（現 総務省）の資料より）

せての輸送手段の変化に気づかせたいところです。）

A「主に鉄道線に沿ってふられている。地図帳を開いて，番号を書き込んでみましょう。」（ICT教室などにてPC・タブレット端末画面上で郵便番号図と鉄道路線図を重ねてみるのもよいでしょう。）

上二桁は，千葉市内は26，県北西部は27です。一方で北総は28，南房総は29がつけられています。この28と29の境は郡市の地域界ではなく，鉄

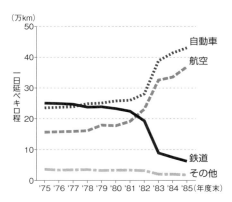

図4 郵便の輸送路の変遷（1975～1985年度末）
（『昭和61年版 通信白書』より）

65

道のエリア境界です。(山武郡市の多くは28から始まりますが, 大網白里町だけ29からとなっています。) つまり, 北総の総武本線・成田線エリアは28, 南房総の内房線(房総西線)・外房線(房総東線)エリアは29です。これは他の都道府県でも同様で, 神奈川県も21は南武線, 22は横浜線, 23は根岸線と京浜急行線, 24は相模鉄道と横須賀線, 25は東海道線と相模線になっています。

郵便輸送は1970年代半ばまでは鉄道によるものが多かったのですが, 1980年代以降は自動車輸送が圧倒的多数となりました(図4参照)。番号導入の1968年当時はまだ鉄道輸送が主流であったため, 鉄道線に沿って下二桁も付番されました。

---

(例) 総武本線 (佐倉〜銚子間)
八街市 (当時は町)：289-11  旧山武町：289-12  旧成東町：289-13,14
旧松尾町：289-15  芝山町：289-16  旧横芝町・旧光町 (現横芝光町)：289-17
旧蓮沼村：289-18  …旧八日市場市：289-21  旭市：289-25…

---

郵便番号の付番規則性から運輸主体の時代変遷も捉えることができます。各生徒の居住地域周辺における番号規則性を調べる課題も出せると思います。

## 3. 日本にある宇宙基地の立地条件を知っていますか?

宇宙産業をはじめとする軍需産業は, 近代以降における各種民間産業の技術革新(イノベーション)を牽引してきたのは事実です。代表例としてGPS(汎地球測位システム)と地図情報を組み合わせたカーナビゲーションシステムは, アメリカ合衆国の軍事衛星技術の転用であることがあげられます。日本も軍需ではなく, 通信・放送衛星や気象衛星などの需要から, JAXA (宇宙航空研究開発機構)がロケットの射場を鹿児島県の内之浦(1962年2月)や種子島(1969年10月)に設けています。

以上のことを踏まえて, 生徒に投げ掛けていきます。なお, 通信・放送衛星や気象衛星の性質は理科的知識となりますので, ここでは先に以下のような説明をします。

・これらの衛星は赤道上空の高度約36000kmの静止軌道を進む。

・静止軌道とは衛星周期が地球自転周期と同じで, 地上から見ると衛星が静止しているように見える軌道のこと。

【生徒への発問と反応・解答例】

Q「静止衛星を打ち上げるロケットの射場がある内之浦や種子島は，日本の中ではどのあたりと言えるでしょうか？」

まずは地図帳で2地点の位置をしっかり確認させて下さい。

（生徒の答え）「日本の領土の中では南の方」「ともに31°N前後の緯度」

「鹿児島県の東側」…などの反応があると思います。

Q「内之浦や種子島に射場を立地させる利点は？　先程述べた静止衛星の理科的特徴を踏まえて，2点答えましょう。」本題です。答えは2点 ＋α あります。

A （解答例）

①赤道上空の軌道に乗せるには，日本の中では赤道に近い低緯度地域が好適。（高緯度になればなるほど，赤道上空の静止軌道に対しての軌道面修正にエネルギーが大きくかかる。地球儀を使っての説明もよいでしょう。）

②赤道に近い低緯度ほど，ロケット打ち上げの際に地球の自転エネルギーを利用しやすい。(西から東に進む地球の自転方向に合わせて打ち上げる。＋　自転速度は赤道が最大(464m／秒)であり，低緯度＞高緯度。種子島は400m／秒。)

＋α 打ち上げは東向きかつ赤道上空に向けて行うため，東側・南側に安全が確保しやすい海洋の広がる大隅半島(内之浦)・種子島に設けられた。

しかし，ここまでで「内之浦・種子島が最適立地」に違和感を覚える生徒が出てきてほしいところです。第二次世界大戦の結果，以下の領域が日本に戻ってきた(施政権の返還)のは終戦からかなり後のことです。

---

奄美群島：1953年／小笠原諸島：1968年／沖縄諸島：1972年

---

奄美や小笠原は内之浦や種子島に射場が建設された前後の返還ですが，建設に要する時間や電力・水源・交通条件などの諸条件をクリアする中で最も低緯度だったのは鹿児島県南東部の内之浦や種子島だったのです。こうした現代史の背景もまじえながら，日本における宇宙開発拠点の立地を明らかにしていこうと思いました。


## 4．近未来，世界中で航空機が飛べなくなる恐れのある事情とは？

航空機が飛ぶために必要であるのは，物理学の流体力学「ベルヌーイの定理」に基づく揚力の発生によるものです。(図5参照)

この揚力が地球温暖化によって不足する事態が起き，航空機の離発着に支障

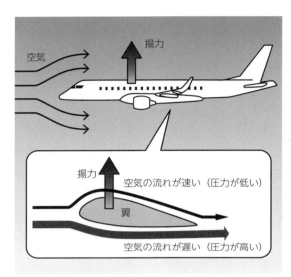
図5　航空機が飛ぶしくみ

が出る恐れをU.S.A.コロンビア大などの研究チームが論文で発表しました（2017年7月）。実際，2017年6月にはアリゾナ州の州都フェニックスの空港で45℃以上の高温が予想・記録され，アメリカン航空の40便以上が欠航しています。このことから揚力不足が高温で起きることがわかります。

地理の授業としては，揚力不足になる自然条件を的確に説明でき，18世紀後半のイギリスから始まった化石燃料を用いた産業革命・工業発展の「副作用」としてこの問題を捉えてもらうことを目標に据えました。

【生徒への発問と解説例】

論文発表が報じられた当時の新聞記事を資料として生徒に配付します。

（記事中にある「標高が高い空港」（…高温以外の自然条件）と「空気密度の低下」（…両自然条件に共通する揚力不足の原因）は消しておきます。）

Q「揚力不足が起きる，高温以外の自然条件は？」

A「揚力不足が起きるような空気密度の低下」←（生徒から出てくるか）

（生徒から出てこなかった場合は以下のような解説をします。）

・高山地帯や高温の砂漠地帯ではもともと揚力が発生しにくい。

⇒高温条件で空気密度は下がり，低温になるとその密度は上がる。地球温暖化により揚力を生む空気密度が下がる。

・翼の上側と下側を流れる空気の比率は一定だが，地球温暖化が進むと揚力の絶対値が小さくなるから。

・揚力低下で燃料や貨客を減らす必要が生じ，航空会社の経営を圧迫する。

| 〈イメージ〉（現状） | （比率） | （地球温暖化の進行） |
|---|---|---|
| 翼の上側：90 | 9 | 81 |
| 翼の下側：100 | 10 | 90 |
| 揚力：100－90＝10 | 1 | 90－81＝9 |

※高山地帯の空港や砂漠地帯の空港を地図帳より探せば，世界地誌の学習や気候学習（高山気候・乾燥帯気候）も兼ねることができます。

## 5．まとめ

　「電話番号＆郵便番号」では，情報通信技術（ICT）の進歩を背景とした商圏拡大で，モノ・情報をやり取りする物流上の"交通整理"のために，発着地点の地域を識別できる番号が不可欠であることを意識してもらいました。「宇宙基地の立地」は，通信・放送，気象などの地球観測，衛星インターネットといった新しい技術や産業の確立に欠かせない宇宙産業の重要性を探る端緒になればと思います。他方，産業を飛躍的に発展させた化石燃料の使用により，大気中の温室効果ガスが急増し，過去に例を見ない速度の地球温暖化を招きました。グローバル経済化が進む現代に「航空機の離陸・飛行への支障」が生じ，ビジネスから観光まで様々な目的の往来が制限されれば，諸産業発展・経済成長にブレーキのかかる可能性があり，これを産業発展の副作用と捉えた次第です。

［参考文献］

・総務省「電話番号に関するＱ＆Ａ」
　http://www.soumu.go.jp/main_sosiki/joho_tsusin/top/tel_number/q_and_a.html　（最終閲覧日：2019年2月17日）
・郵政省（1986）『昭和61年版　通信白書』
・千葉県（2002）『千葉県の歴史　別編　地誌3（地図集）』県史シリーズ38
・ＪＡＸＡ（ファン.ファン.ＪＡＸＡ）
　http://fanfun.jaxa.jp/faq/detail/303.html　（最終閲覧日：2019年2月17日）
・三菱重工『graph（グラフ）』No.178（2015年2月）
・朝日新聞2017年7月15日付朝刊「温暖化…航空機ダイエット？　空気薄く揚力足りず　燃料や人数に制限も」

（土屋晴彦）

産業②

# 4 多国籍企業について調べ,発表を取り入れたアクティブ・ラーニング
## ―グローバル化について考察する

## 1. はじめに

　この授業は地理Bの「資源と産業」の単元で10月から始まる後期の授業で実施しています。前期に世界の農林水産業,エネルギー・鉱産資源,世界の工業と立地などの概略を講義形式で実施したうえで,その具体例を確認する意味でこの授業を約1カ月かけて実施しています。教科書には「石油メジャー」「穀物メジャー」「アグリビジネス」などが用語として登場してきますが,具体的な企業名は出てきません。教科書ではV自動車(ドイツ),G自動車(アメリカ)と表記するのが一般的です。その結果,生徒にリアルさが伝わってこないのが現状です。そこで生徒それぞれに日本を除いた巨大多国籍企業について調べさせ,そしてまとめ,授業にて一人ひとりプレゼンテーションをさせることで各企業の発展の歴史,世界に対する貢献(マイナスも含む)などなど世界を股にかけて活動するリアルな多国籍企業の姿を通じてグローバル化とは何かを学ぶことをねらいとしています。

## 2. 準備と仕込み

　本授業は実際には3年生選択の地理B（4単位）の中で実施しています（選択者数は年によって変わりますが,だいたい20人前後です）。生徒による発表は,先述の通り10月に入ってからですが,夏休みに入る直前の授業にて夏の課題のプリント(図1)と多国籍企業の一覧のプリント(図2)を配付し,抽選でどの企業を調べるかを決めます。生徒の任意で決めると,知っている企業,なじみの深い調べやすい企業に希望が集中してしまいますので,すべて抽選で行っています。抽選方法はスマホのアプリの「数値抽選」(クラスの席替えにも使えます)を用います。一人ひとり抽選するのですが,これが結構わくわく感で盛り上がります。体育系部活に所属している生徒ですと「アディダス」や「ナイキ」といったスポーツ品メーカー,女子生徒だとファストフードチェーンやファッション系

70　第2章　国際理解と国際協力

```
夏季休業中課題
【多国籍企業調べ】
くじを引いた番号の多国籍企業について調べ，Ａ４用紙１枚のレジュメにまとめる。
  ①  概要(本社の位置，事業内容，売り上げ，社員数など)
  ②  沿革(創業からグローバル展開していった進出先や現状についてなど)
  ③  その企業が社会，歴史の中で影響を与えたこと
  ④  その業界についての簡単な紹介と比較(シェアなど)
  ⑤  進出先国の紹介(例えば日本での海外子会社の活動や同業他社とのシェア)
  ⑥  その企業についてトピックス(面白い話題)の紹介など
提出期限：夏季休業明けの最初の授業です。
発    表：後期の授業で，調べた内容をプレゼンテーションしてもらいます。発表時間
          は約１５分です。パワーポイントや映像などを用いてもＯＫです。授業前日
          までにデータ(発表する際に用いるパワポとレジュメ，資料など)を提出する
          こと。
```

図1　夏季休業中の課題プリント

の企業にあたると顔に喜びがあらわれます。対してなじみの薄い，特にB to B
(Business to Business)の企業(例えばボシュ，ダウケミカルなど)にあたる
と「何この企業，聞いたことないけど」なんていう声が上がります。そのような
時は，その企業の広報担当になったつもりで知らない人にどんなに魅力のある
会社かを調べて発表してくださいと伝えます。提出物は，発表時に使う発表要
旨をまとめたレジュメと発表内容をまとめたパワーポイントのファイルで，夏
休み明けの最初の授業で提出させます。

　多国籍企業一覧(図2)は，ウィキペディアを参考に「地理」とかかわりの深い企
業，近現代史の中で世界に大きく影響を与えた企業，生徒のなじみ深いものを
観点に選びました。他にもリオティント(英，豪)，BHPビリトン(豪，英)，グ
レンコア(スイス)，ヴァーレ(ブラジル)，ガスプロム(露)，ルサール(露)，コ
デルコ(チリ)などあまり知られていませんが，地理では重要な資源メジャーと
呼ばれている大企業も一覧に今後つけ加えたいと考えています。

## 3.　発表の具体例

　発表時間は一人10～15分，質疑応答の時間を3分，評価票(図3)記入の時間
をおよそ3分，発表に対する教師の講評を3分程度として1時間の授業で2人に
発表してもらいます。教師側の準備として生徒が夏休みに作成したレジュメを
印刷して配付します。ほとんどの生徒は，インターネットから資料を集め，カ

世界の主な多国籍企業

| 企業名 | 業種 | 国 | 企業名 | 業種 | 国 |
|---|---|---|---|---|---|
| 1 ボーイング | 航空機 | アメリカ | 11 BMW | 自動車 | ドイツ |
| 2 ロッキード・マーチン | 航空機 | アメリカ | 12 ダイムラー | 自動車 | ドイツ |
| 3 ボンバルディア | 航空機 | カナダ | 13 ポルシェ | 自動車 | ドイツ |
| 4 エアバス | 航空機 | EU | 14 ボルボ | 自動車 | スウェー |
| 5 ゼネラルモータース | 自動車 | アメリカ | 15 現代 | 自動車 | 韓国 |
| 6 フォード | 自動車 | アメリカ | 16 タタモーターズ | 自動車 | インド |
| 7 グループPSA | 自動車 | フランス | 17 ゼネラルエレクトリック | 電機 | アメリ |
| 8 ルノー | 自動車 | フランス | 18 ゼロックス | 電機 | アメリ |
| 9 フィアット | 自動車 | イタリア | 19 シーメンス | 電機 | ドイツ |
| 10 フォルクスワーゲン | 自動車 | ドイツ | 20 フィリップス | 電機 | フラン |
| 21 ノキア | 通信機 | フィンランド | 31 USスチール | 金属 | アメリ |
| 22 ロレックス | 時計 | スイス | 32 アルコア | 金属 | アメリ |
| 23 サムスン | 電機 | 韓国 | 33 デビアス | 鉱業 | 南アフ |
| 24 IBM | コンピューター | アメリカ | 34 アルセロールミタル | 金属 | ルクセン |
| 25 アップル | 電機 | アメリカ | 35 ダウ・ケミカル | 化学 | アメリ |
| 26 マイクロソフト | ソフト | アメリカ | 36 デュポン | 化学 | アメリ |
| 27 Amazon.com | ネット通販 | アメリカ | 37 モンサント | 化学 | アメリ |
| 28 キャタピラー | 重機 | アメリカ | 38 グッドイヤー | タイヤ | アメリ |
| 29 ボ | 機械器具 | ドイツ | 39 ダンロープ | タイヤ | イギリ |

図2　多国籍企業一覧

ラー写真などを取り込んでくるので，カラーコピーします。自前のプリンターを使うため，インク代はかなりかかります。ではここで，生徒の発表した多国籍企業の内容についてスライドも含めていくつか事例を紹介したいと思います。

## (1) GAP（女子生徒）

　サンフランシスコに本社を置く，カジュアルスタイルをモットーとするアメリカ最大の衣料品小売りチェーンです。1969年に創業,1995年アジアへ進出，4大ファストファッションの一つとして若者を中心に広く知られています。事業を立ち上げた時のエピソードも興味深いのですが，ここでは省略します。

　先述したようにファストファッション業界は，今やH&M（スウェーデン），ZARA（スペイン），日本のユニクロ・GUそしてGAPの4社が世界市場でしのぎを削っています。最近その中でもGAPの売り上げが落ちているといいます。アメリカでは175店舗を閉鎖したといいます。それはなぜかを発表した生徒は聴衆に投げ掛けます。いずれもSPAモデルと呼ばれる商品の企画から製造，販売まで一貫して行い，少品種大量生産することで低価格で衣料品を供給する企業です。この点で日本の衣料品販売チェーン しまむら とは違います。しまむら 自身は商品を製造しません。同じ衣料品チェーンですが他社が企画製造した

| 地理B　多国籍企業調査発表　評価表 | | | | ＿＿＿組＿＿＿番 ＿＿＿＿＿＿＿＿ | |
|---|---|---|---|---|---|
| 日 | | 発表者 | | 企業名 | |
| 発表資料について | | ・わかりやすく工夫されているか | | | 1・2・3・4・5 |
| 発表内容について | | ・興味深く発表がきくことができたか | | | 1・2・3・4・5 |
| 印象に残ったこと・感想など | | | | | |

図3　評価表

ものを仕入れ販売しています。SPAモデルの4社はそれぞれ開発から製造までの期間，主な製造場所，さらに商品のコンセプトには違いがあります。H&MやZARAは，主な製造場所はヨーロッパで，企画から製造までの期間を短縮することで，最新の流行を捉え商品化していくのに特徴があります。だがそれら商品はワンシーズンしかもたないことを想定してつくっているそうです。ユニクロは中国を主な製造拠点にし，ファッション性にはあまり固執せず，「ヒートテック」や「エアリズム」など機能性を重視した衣料品を世界に送ることで同業他社と差別化をはかっています。対してGAPは製造拠点がアジア諸国で，企画から製造までの時間がかかり，ベーシックなものを基本とした商品が主流で流行に乗らず，新たな試みが見られないそうです。また，商品の値段も高く（商品素材の質の違いもある），そのため頻繁に異常なセールをすることで，消費者にアピールしているのだそうです。それらのことが，売り上げを落としていると分析しています。

　また，多くの多国籍企業はCSR（corporate social responsibility）活動を重視し，コンプライアンス（法的遵守）にも力を注いでいます。それは消費者に対して企業イメージを向上させ，顧客を引きつけようというものではなく，企業の存続に必要不可欠な社会の持続的な発展のために必要なコストを払い，未来への投資として行うものです。もしその企業の非あるいは反社会的行為が世

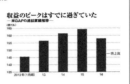

**図4 生徒の発表スライドの一部**

界中に知れ渡ってしまった場合、世界中の国々で抗議の不買運動が起こってしまうことを企業は恐れます。今やネット社会ですので情報はたとえフェイクであろうとすぐに広がります。

　にもかかわらず、GAPのミャンマーにある工場で、劣悪な環境での過剰労働や、罰金の支払いの横行、一貫性のない社内ルールなどの問題が発覚しました。そのことも売り上げの減少につながっているのではないだろうかと思われます。

　言うまでもなく、20世紀初期のころアメリカ国内には縫製工場がたくさん存在しました。しかし1950年ごろから他企業と競争するうえで安い労働力を求め海外へ工場を移転させていきます。産業の空洞化は日本に限らずアメリカでも起きています。この他GAPが抱えている問題（外国為替や各国との貿易協定など）を発表してくれましたが、ここでは詳細は省略します。

**(教師側の講評)**

　このようにGAPという企業から、「南北問題」「SDGs」「産業の空洞化」といった問題が浮き上がってきます。今や郊外のショッピングセンターやアウトレットモールにはなくてはならないSPAモデルの衣料販売店。教師側からこうした衣料品量販店が続々と進出したことで日本の街の風景が変わったことに触れておきます。駅前の商店街から小売りの衣料品店が消えてしまったこと、デパートが地元柏をはじめ、あちこちで撤退したことなどです。その跡（空洞化した工場跡地も含め）には高層マンションが建ち「ジェントリフィケーション」といった形で再開発が進んでいく話など、地理的事象が次々とつながっていき、グローバル化のリアルな姿が見えてきます。以下に発表を聞いた生徒の感想を紹介します。

・GAPははじめ革新的なアイデアで売り上げを伸ばしたが、その後は売り上げを伸ばす方法をセールスやアドバタイズに変えていて、売り上げが下がって

いる理由を垣間見た気がした。

・GAPが経営難に陥っているとは知らなかった。GAPはデザイン性も実用性
もなく高いとは。経営の仕方を考え直してほしいです。

・GAPは服を売るだけの企業なのかと思っていたが，CSRに則って社会貢献活
動をしている。優良企業だと知って驚いた。

## (2)ロッキード・マーティン社(男子生徒)

　ロッキード社はライト兄弟による有人動力飛行から興ります。その後，いく
つもの企業とのM&Aを繰り返し世界最大の軍需企業に成長しました。その他
アメリカ国防総省，エネルギー省，運輸省の受注額もナンバー1で，アメリカ
で政府からの契約額が最も多い企業です。

　製品としては，戦闘機，輸送機，無人機，艦船，ロケット，宇宙船，人工衛星，
ミサイル，防衛システムなど主に軍需，宇宙産業です。かつては民航機も製造
していましたが，現在は生産していません。ロッキード社から高額の賄賂が日
本の首相に渡され，逮捕された事件としてロッキードの名は有名ですが，これ
は氷山の一角で世界の各国で時の政府実力者に自社の民航機の売り込みのため
に賄賂を贈っていたようです。

　ロッキード社の成長の契機は第二次世界大戦にあります。米軍の戦闘機に採
用されたこととイギリスからの爆撃機の大量受注により，戦争によって最高の
収益を得ることができました。逆にいうとロッキード社にとって終戦は収益が
減る危機でもあったのです。

　それでも戦後は，冷戦を背景に成長をしていきます。その戦略の第一は，自社
の工場や基地のある地域から選出された議員に働きかけ，「雇用創出」と「国土の
安全保障」を御旗に航空宇宙産業＝軍需産業への保護，ならびに援助を政府に求
めることです。そして自社の利益になる法案を通過させることを目的に議員に
陳情活動も行います。第二に1950年代後半から「ミサイル・ギャップ論(争)」を
流布します。これはソ連の核ミサイルの脅威を誇大に描き上げ，軍事力増強の
必要性を政府並びに世間へ宣伝するものです。第三に日本では，天下りといっ
た形で，官と民との関係が問題になりますが，アメリカでは「回転ドア方式」と
いって，政権を民主党がとっても，共和党がとっても，政権交替時にロッキー
ド社の人間が入れ替わり，必ず政権の中枢に入り込むそうです。そしていくつ
もの企業を吸収合併し戦後巨大企業に成長しました。こうして軍産複合体がで
き上がります。

**写真1　発表する男子生徒**　　　　　　　　　(筆者撮影)

　まとめとして、このように大きな権力が一つの企業に集中していることは、問題です。本来企業を監督すべき立場の政府や議会が特定の企業と癒着していることは、ビッグブラザー（もともとはジョージ＝オーウェルの小説「1984」に登場する支配者の名前。そこから転じて「国、世界レベルでの大規模な監視を行う人物、機関」を指すようになる）を生み出すことになりかねません。これを防ぐには、一般市民が警戒を怠らずに問題とかかわり続ける社会が必要です。

**(教師側の講評)**

　発表を聞くと負の側面が多い軍産複合体ですが、そのおかげで衛星放送を通じて海外のスポーツ中継をリアルタイムで楽しむことができ、インターネットやGPS機能のついたスマホなど私たちの生活が便利で豊かなものになっていることを紹介します。それにしてもロッキード社というフィルターを通してアメリカという国を見るとアメリカという国のもう一つの側面が見えてきます。日本国内においても北朝鮮の核ミサイルの脅威に関連して、その結果イージスアショアやステルス戦闘機などの兵器をアメリカから莫大な金額で購入することになりました。お隣の韓国においても高高度防衛ミサイル（THAAD）が配備されようとし、中国とその周辺諸国から非難の声が上がっています。これら皆ロッキード社製のものです。日本の自衛隊の様々な兵器、装備品も然りです。日米安保条約の「安全保障」という薄い膜から軍産複合体の正体が透けて見えてきそうです。以下にこの発表を聞いた生徒の感想を紹介します。

・データが多くて発表に説得力があった。ロッキードの悪いイメージが備わった。企業として生き抜くためには卑怯な手は必須なのだろうか。
・軍需産業のおかげで今の便利な暮らしが成り立っていると思うとあながちその存在を否定はできないなと感じました。
・軍需産業は政策と結びつくからこそ発展もする。悪い方向に進む時は際限が

図5　生徒の発表資料のスライドの一部

ないと感じた。

　発表終了後，生徒が書いた感想文でいいもののいくつかを打ち直して次の授業時に生徒全員に配付します。発表を聞いていた側がどのような感想をもったかを発表者も知ることで自分の発表について自己評価並びにいろいろな角度からのものの見方を共有することができます。また，全員の発表を終了した後，発表の評価の高かったものを上位五つまでを公表します。なお同じ方式で「世界の国調べ」も行っています。

## 4．おわりに

　以上多国籍企業について調べさせ，発表することでグローバル化とは何かが見えてきます。生徒の発表の内容や様式にもそれぞれの個性＝味があり，工夫が凝らされ（放送大学風なものから，深夜の民放のバラエティ番組風なものまで），とても楽しい発表を展開してくれます。

　もし，個人で発表させるのが不安であるならば，グループで発表させたり，または発表は授業に取り入れず，夏季休業中の課題として取り組ませることだけでも関心をもってもらう一端になるのではないかと思います。

［参考文献］
・ウィキペディア「多国籍企業」https://ja.wikipedia.org/wiki/多国籍企業（最終閲覧日：2019年2月3日）

（黒川仁紀）

**衣食住**

# 5 「アルプスの少女ハイジ」から学ぶアルプスの自然と人々の生活
## ―地理の楽しさを引き出すアニメーションの地理的な見方

## 1. はじめに

　これまで地理の選択者は歴史のそれに比べると圧倒的に少なく，地理を選択しない生徒のほとんどは，「地理は暗記科目で覚えることがたくさんあるから嫌い」と言います。また，教える側にも「地理的な見方・考え方」という言葉がよくわからず，具体的にどうすればよいのか…といった悩みを抱えている方は多いのではないでしょうか。

　残念ながら，「地理は暗記科目」と言っている生徒には，「どこに，どのようなものが，どのように広がっているのか」ということしか伝わっていなかったのかもしれません。また，長年その部分の知識が評価の対象として重視されていたのかもしれません。

　「地理総合」が必修化される今こそ，地理の楽しさを引き出す「地理的な見方・考え方」を生徒に身につけさせることが重要になってきています。本稿では，地理の授業を始めるにあたって，生徒も知っているアニメーションを通して，「地理的な見方・考え方」を体験させ，地理の有用性や面白さを伝えることに主眼をおいた授業実践を報告します。暗記科目からの脱却を目指して，生徒の知的好奇心を揺さぶる授業をするための一助になればと考えています。

## 2. 「アルプスの少女ハイジ」を選んだ理由

　「アルプスの少女ハイジ」の舞台は，スイス東部グラウビュンデン州マイエンフェルトといわれており，現地にはハイジの世界観を再現したハイジ村があり世界中から観光客を集めています。この作品は制作にあたり，海外現地調査を実施しているというのは有名な話で，これ以降のアニメーションづくりに大きな影響を与えた作品といわれています。もちろんアニメーションですので，フィクションの部分もたくさんあり，作品のすべてが真実という訳ではありませんが，スイスアルプスで生活する人々の様子やそこに登場する動物や自然の様子

をアニメーションで上手に表現しています。

　作品の舞台がスイスアルプスであるために，その独特な自然環境がみごとに描写されています。特に氷河地形や高山の植生，ヤギの移牧，食生活といった地理の授業で必ず扱う事項がこの作品には多数登場します。アニメーションという生徒にとって身近なものの中に，数々の地理的な視点を入れ込むことによって「地理的な見方・考え方」を身につけさせる教材として，「アルプスの少女ハイジ」を利用することができるのではないかと考えました。

## 3．授業の流れ

　はじめに，この時間の授業の流れに沿ったプリントを配付します（図1）。プリントがあることで，ただ映像を見るのではなく，どこに注意してみればよいのかということを意識させることができます。

### (1)展開 1 ：地図を使ってハイジの舞台を探そう

　映像を見る前に，この作品の舞台であるスイスの位置を地図帳で探すことから始めます。この作業をすることで，あくまでも地理的に見るということを意識させます。今回は，地図帳で調べた後にGoogle Earthを利用してみました。

---

地理プリント No.0
名作アニメの地理的見方
　～ハイジから学ぶアルプスの自然と人々の生活～

1．アルプスの少女ハイジの舞台を地図で探そう

2．アルプスの少女ハイジの舞台のイメージを描いてみよう。

3．オープニングの映像を見て、この作品の特徴的なものをあげてみよう。

4．ペーターはなぜヤギを山の上に連れて行くのでしょうか。映像を見て答えなさい。

5．ハイジは何を食べている？映像を見て答えなさい。

6．ハイジが教えてくれたことをまとめてみよう。

7．今日の授業の感想を書いてください。

年　　組　No.　氏名

図1　配付したプリント

最初の画面を学校の位置にしておいて一気にハイジの舞台であるマイエンフェルトに飛ばすというような演出をすると，紙の地図とは違った面白さを体験することもできます。

## (2) 展開2：ハイジが見ていた山はなぜ険しいのか

　ハイジの舞台のイメージを生徒に描かせます。「アルプス」のイメージがどのようなものかを知るためにもたいへん興味深い設問です。ほとんどの生徒が高い山が連なった景色を描きますが，「なぜそうなるのか？」という質問に対して，「新期造山帯のアルプス山脈だから高い山々が連なる」ということまで説明してくれる生徒はほとんどいませんでした。この後，世界の大地形でアルプス山脈に触れることで，「アルプス⇒アルプス＝ヒマラヤ造山帯⇒新期造山帯⇒急峻な山々」が知識としてつながっていくと思われます。

## (3) 展開3：なぜ人はハイジの舞台に魅せられるのか

　アニメーションの中に，地理的な視点を入れ込むという点で重要なことは素材選びです。どのシーンを使って，何を読み取らせるのかということを考えて素材を選びます。まずはハイジの舞台の様子がわかるオープニングの映像を利用しました。

　最初にアルプスの山々とその麓に広がる村の様子が映し出され，主題歌が流れます。まずはこちらからは何も言わずに，一度通して見てもらいます。今の生徒は，ハイジはテレビCMで出てくるキャラクターとして捉えている者が多く，ストーリーを知る者は少ないようです。しかし実際の映像を見ると「こんな景色があるの？」とか「行ってみたい！」といったことを話し始めます。

　次に，オープニングの中からぜひ見てもらいたいシーンを再び流します。

　ここで使用する映像は写真1のような景色です。雄大なアルプスが映し出された後に出てくる谷の様子が俯瞰で表現されるシーンを使用しました。注目は，垂直に切り立った崖です。実際の地形よりもかなり誇張はされていますが，氷河によって形成されるU字谷が見事に表現されています。「日本にこんな形の谷はあるかな？」と質問すると，「こんな所はないと思うけど，これアニメでしょ？実際とは全然違うでしょ？」といった答えが返ってきます。アニメの映像の後に，写真1を示すことで実際の景色との対比が可能になります。ここでは，日本でよく目にする谷の形とは違うということに気づかせ，後で氷河地形の単元で学習することになるということだけを伝えました。

写真1　ハイジのロケハンで実際に制作スタッフが訪れたラウターブルネン谷

(© Victorflowerfly Dreamstime.com)

## (4)展開4：麓と山の景色が違うのはなぜ？家畜はヤギ？

　ここでは山の牧場までヤギを連れて行くシーンを使用しました。まず植生に注目させました。「ハイジたちがいる場所と山の麓の景色を比べて違うところは？」という質問をしてみると、「山の麓には森があるけど，山小屋の近くにはほとんど樹がない」という答えが返ってきます。さらになぜそうなるかを説明させます。「森林限界をこえるから」という答えまではなかなかたどりつかないのですが，「なぜそうなるのか」と問い続けることによって，知的好奇心をくすぐることができます。

　また，このシーンではハイジがペーターに，「なぜヤギを山に連れて行くの？」と質問をします。ペーターは「おいしい草を食べさせるためさ！」と答えます。生徒の中にはヤギを家畜として飼うということがピンとこない者もいるようで，「なぜ牛じゃなくてヤギなの？」とか「山の麓ではだめなの？」といったことを質問する生徒もいます。「牛を飼育するのに適した自然条件は？」「ヤギの飼育に適した自然条件は？」といった質問を通して自然環境と家畜の関係について考えさせました。また，水平方向に移動する「遊牧」と垂直方向に移動する「移牧」といった牧畜の形態についても考えさせるきっかけとなるシーンとして利用でき

写真2　ライ麦パンのイメージ写真
(© Bazruh Dreamstime.com)

写真3
ヤギのチーズのイメージ写真
(© Alexandr Kornienko Dreamstime.com)

ました。

　余談ではありますが，ヤギ飼いのペーターはかなり長時間労働をしています。朝早く麓の村でヤギを預かって朝のうちに山に連れて行きます。山を下りるのは夕方です。高緯度に位置するスイスの夏の様子を考えると，相当な労働時間ということが考えられます。山の牧場でペーターが昼寝をするシーンが出てきますが，相当きつい労働条件であったことに違いありません。「ペーターの労働条件はどうか」というテーマで考えさせてみても面白いかもしれません。

### (5) 展開5

　ここで使用するのは，ハイジの食事のシーンです。火であぶって溶かしたチーズをパンにのせたものとミルクが出てきます。それぞれの食材を少し細かく見るように仕向けます。

　最初はパンからです。「普段食べているパンと比較してどう？」と質問してみます。「白くない」「ボソボソしてそう」「甘そう」といった声が聞こえてきます。実はパンの色が一つのポイントになっています。今回の映像にはありませんが，物語の中でハイジは後に白いパンを初めて目にするシーンが出てきます。パンの色が違うのはなぜかを考えさせます。「原料が違うから？」「黒糖が入っているから？」といった答えが返ってきます。「このパンの原料は何か」と再び質問します。すると「普通パンは小麦でしょ」といった答えが返ってきました。ここで生徒は原料が違うことに気づきます。「黒糖？」と答えた生徒に再び質問します。「黒糖の原料は？」「サトウキビ」という答えが返ってきます。「サトウキビの産地は？」と尋ねると「暑いところ」と返ってきました。「アルプスは暑い？」と聞くと「寒い」と答えます。するとパンの色の原因が黒糖ではないということに気づ

82　第2章　国際理解と国際協力

きます。また,「ライ麦パンって黒くない？」ということを言う生徒が出てきます。「あの固くてボソボソしているパンでしょ？」と言う生徒も出てきます。パンの色一つを取ってみても，様々な見方ができるということがわかります。

次にチーズです。「チーズの原料は？」と質問してみます。「牛乳でしょ？」とほとんどの生徒が答えます。ところが，ハイジが生活している山では牛が登場しません。このことに気づいた生徒は「ヤギの乳でできているチーズだ」という答えを導き出します。ヤギのチーズ(シェーブルチーズ)と普段目にする機会が多い牛乳を原料とするチーズの違いについての説明を加え，環境と食文化の関係について考えさせました。

**展開1**から**展開5**において重視したことは，生徒がすでに知っている知識に基づいて考えることができるように発問を工夫した点です。また，答えを出すことが難しい質問に対してはたくさんのヒントを与えるようにしました。その結果，これまでの「点」としての知識が「線」としてつながっていくようになります。

**⑹展開6：ハイジと地理学習の関連についてのまとめ**

ここまでのまとめとして，ハイジが教えてくれたことを整理しました(図2)。

ここでは，映像から得られた知識をこれからの授業で学ぶこととして整理するために，あえて地理用語と結びつけてみました。黒板への板書ではなく，プレゼンテーションソフトを利用することで，テキストに動きをつけ生徒の理解

ハイジが教えてくれたこと

アルプス山脈＝新期造山帯＝急峻な山々　**大地形**

独特の形をした谷＝U字谷　**氷河地形**

標高によって植物の様子が変化　**植生**

自然環境と家畜の種類　遊牧と移牧

**牧畜の形態**

黒いパン　**パンの色と原料の関係**

図2　まとめの内容

を深める工夫をしてみました。生徒からは，「そんな風にアニメを見ないよ」とか「ずいぶん無理があるけど…」といった意見が聞こえてきましたが，アニメーションを「地理的な見方・考え方」で見るという体験をする，これこそがこの時間のねらいでした。

## (7)展開7

　最後に生徒に感想を書かせました。いくつか紹介します。

### 肯定的な意見

・ハイジはCMでしか見たことがなかったので，こんなに奥が深いものだとは
　知らなかった。
・ハイジの続きを見たくなった。
・事前調査に行って，アニメーションをつくるということに驚いた。
・実際にアルプスに行ってみたくなった。
・自然環境や人々の生活の様子をアニメーションで見るなんてことは考えたこ
　ともなかったが，教科書や地図に出てくる内容とかぶっていることに驚いた。
・パンの色からいろいろなことを考えることができて面白かった。

### 否定的な意見

・アニメーションの見方としてはちょっと違うような気がした。
・ちょっとオタクっぽい見方で嫌だった。
・かなりこじつけ的なところがあった。フィクションなのだから，そこに事実
　を求めるのはちょっとおかしいと思う。
・先生の話は面白かったが，ハイジからというのには無理がある。
　手厳しい感想もありましたが，少しは生徒の知的好奇心を揺さぶることがで
きたようです。


## 4．まとめ

　最近，映画やドラマ，アニメーションの舞台をめぐる「聖地巡礼」という言葉がはやっています。かつて韓流ブームの時に，日本からたくさんの観光客が韓国に渡るという現象が起きました。また，NHKの大河ドラマや連続テレビ小説の舞台が観光地として脚光を浴びるということもしばしば起こります。これらのことからも「舞台はどこなのか」ということが，作品へのさらなる理解につながる行為であるということを証明しているのではないでしょうか。いわゆる「聖地」と呼ばれている場所について，「地理的な見方・考え方」を駆使すること

表1　授業で利用した作品とポイント

| 作品名 | 授業のポイントなど |
|---|---|
| 魔女の宅急便 | 作品の舞台はどこなのかを考える。<br>港町，石畳の町並み，針葉樹が広がる森林。 |
| アラジン | 砂漠気候とオアシス都市について。<br>砂漠の中にある架空のオアシス都市アグラバー。<br>マーケットの様子や噴水が出る宮殿。 |
| ライオンキング | 大型の野生動物が生活するサバナの様子。<br>サバナと熱帯雨林の植生が再現されている。 |
| 美女と野獣 | ヨーロッパの村落，森と人間の関係。<br>教会を中心に村落が形成されている様子が再現されている。<br>かつて人間が森を恐れていたことを表現している。<br>→世界史でも有効 |

によって，生徒の知的好奇心をくすぐり，地理の有用性や面白さを伝えること
が可能になるのではないかと考えます。一方で，生徒の感想にもあるように，
フィクションであるアニメーションに事実を求めることに対してはいろいろな
考え方があると思います。しかし，今回の「アルプスの少女ハイジ」のように舞
台設定に関しての事前調査がきちんと行われている作品については，教材とし
て十分利用できると考えます。「この作品の舞台はどこだろう？」ということに
思いをめぐらせながら作品を見ることが，地理の教材開発の一歩なのかもしれ
ません。ハイジ以外にも授業で利用した作品がいくつかあるので，参考までに
紹介します（表1）。いずれの授業でも，今回と同様映像と見せたいポイントを示
したプリントを配付して授業を展開しています。

［参考文献］
・アフロ（2011）『名作アニメの風景50─誰もが知っているあの物語の舞台へ』パイインター
　ナショナル
・藤川隆男（2011）『アニメで読む世界史』山川出版社
・岡本亮輔（2015）『聖地巡礼─世界遺産からアニメの舞台まで』中公新書

（小泉啓三）

**言語・宗教**

# 6 生活・文化の多様性と国際理解 世界の言語・宗教

一大きなテーマをもって主体的に学ぶためのきっかけづくり

## 1. はじめに

　現行の地理Aにおいて，世界の言語・宗教は「(1)現代世界の特色と諸課題の地理的考察」の中の「イ　世界の生活・文化の多様性」という単元の中で取り上げられています。今回の改訂により「地理総合」では，「B　国際理解と国際協力」の中の「(1)生活・文化の多様性と国際理解」という単元の中で学ぶこととなります。現行の地理Aからの改訂によってグローバルな視点から「世界の多様性のある生活・文化」について日本との共通点や相違点に着目し，多様な習慣や価値観などをもっている人々と共存していくことの意義について気づかせることがより強調されます。自他の文化や言語，宗教を理解し，お互いに尊重しあう姿勢を身につけさせることが必要となります。

　今回私は，三つの授業について紹介します。世界の言語・宗教は非常に大きなテーマであるので実感が湧かない生徒には，単なる暗記事項として捉えられてしまいがちです。しかし，言語と宗教は世界で暮らす人々の生活に密着しているもので，その国，地域に暮らす人々の生活そのものに大きな影響を与えているものと考えます。今回紹介する授業は生徒に実感をもって主体的に学ぶためのきっかけづくりとして有効ではないかと考え，実践してみた授業内容です。

## 2. 実践事例の概要

　一つ目は，言語の共通性です。「世界のありがとう，こんにちは」が示されている世界地図を使用し，言語の共通性を見つけ出します。単元の学習内容としては，言語の共通性から主な言語の分類（語族）につなげ，言語の伝播過程を民族の移動や植民地支配など歴史的な側面から捉え，今日の世界の言語分布がどのようにして成立したのかをまとめます。さらに，ヨーロッパを切り出し，スイスやベルギーの言語問題についても発展させます。島国という地理的な恩恵から他の文化の侵略を受けにくく，むしろ他の文化を取り入れ，融合させながら

86　第2章　国際理解と国際協力

独自の文化を発展させてきた日本という国に暮らす生徒にとって，世界の様々な言語は新鮮な驚きをもつテーマと考えます。

　二つ目は，世界の宗教の中で「日本の年中行事から宗教を学ぶ」です。世界の宗教というテーマでの学習といえば，三大宗教を中心とした世界の主な宗教の分布や宗教別人口，教義や戒律などの特徴を整理することが考えられます。しかし，日本人の宗教観と世界の人々の宗教観には差があり，単なる暗記事項として宗教を学ぶだけでは，正しい宗教への理解が不十分であると考えます。宗教といわれてもはっきりとしたイメージが湧かない生徒も少なくありません。宗教を学ぶ導入として，「日本の年中行事から宗教を学ぶ」という授業を実践しました。日本の年中行事から日本人の宗教への捉え方の一端を見つけ出し，そこを出発点に世界の人々がどのように宗教とともに生活しているのかを学んでいきます。

　三つ目は，「広まるイスラーム文化」です。イスラームは三大宗教の中で仏教や，キリスト教と比べても日本ではなじみの薄い宗教ではないでしょうか。生徒にイスラームについて知っていることを問いかけても，あまり多くの回答は得られませんでした。『世界国勢図会2016/17』によると，宗教人口について世界全体では，信者数第1位がキリスト教（23.9億人），第2位イスラーム（16.7億人），第3位ヒンドゥー教（9.7億人），第4位仏教（5.2億人）となっており，将来的にはイスラームが信者数第1位になるとの予測がされています。日本に暮らすムスリムは各種調査によってばらつきがあるものの10万人から20万人とされています。人口比のわずか0.2%ほどでしかありません。しかし，近年中東諸国だけでなくインドネシア，フィリピン，パキスタン，バングラデシュなどのアジア圏のムスリムが日本国内で居住したり，観光客として訪日したりする傾向が強まっています。さらに，2020年の東京オリンピック開催や2025年の大阪万博開催に伴い，数多くのムスリムが訪日することが予想されます。イスラームへの正しい理解と，日本国内でムスリムの人々が不自由しないように企業や公共機関の取り組みが進んでいます。この授業では千葉県で広まる取り組みから，ムスリムの生活や行動規範を学んでいきます。

## 3．世界の言語　―世界の言葉でありがとう・こんにちは―

　世界の言語を学ぶにあたり，多くの生徒は日本語を母語として習い，授業なども基本的に日本語を使用する環境で育ってきました。生徒に日本語以外の言

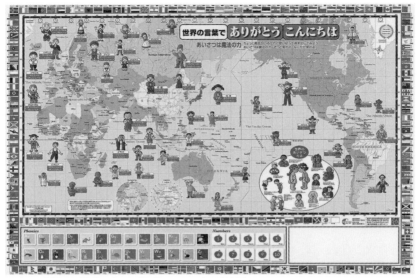

写真1 「世界の言葉でありがとう・こんにちは」地図 ((株)世界地図提供)

語でみんなが習っているものはと問えば、もちろん英語と返ってきます。では、みんなはなぜ英語を授業で習っているのと問えば何と返ってくるでしょうか。実際に聞いてみると、「世界の共通語だから」「話している人が多いから」「世界の標準語として使われているから」「アメリカ人と仲良しになりたいから」「海外旅行で使えそうだから」など様々な回答がありました。では、世界で最も話されている言語は何語ですかと問うと、中国語、英語までは出てくるもののその後の言語人口には自信がない生徒が多かったです。言語人口の統計については各種資料でばらつきがあるので注意が必要です。実際の授業では、文部科学省の統計データだけでなく、インターネットを利用する際の言語人口数のデータも使用しました。どちらの統計でも中国語、英語、ヒンドゥー語、スペイン語が上位となっています。

授業で実際に使用した地図は、株式会社世界地図が製作・販売している、世界が見える世界地図シリーズ「世界の言葉でありがとう・こんにちは」という地図です(写真1)。

この地図は世界地図のオンラインショップにて1枚1000円(税別)で購入することができます(2019年10月現在)。この会社は、教育現場や家庭、塾などで使用できるオリジナルの地図を製作しています。今回紹介した地図以外にも、「平

和」を世界の言葉で地図中に示し，世界平和について考えさせる地図や，地球規模での自然災害を示し，持続可能な社会の形成にむけて私たちに何ができるのかを考えさせる地図など，授業で活用できそうな地図を製作しています。

授業形態は，5人一組のグループでの活動としました。1班に1枚の地図を配付しました。活動内容は，「言語の共通性，似ている言語を見つけよう」です。生徒たちは自由に地図に書き込みをしながら，地域ごとに似ている国を見つけ出したり，大陸をまたいで似ている国を見つけ出したりしていました（写真2）。

写真2　生徒の活動の様子①（共通性を見つけよう）

写真3　生徒の活動の様子②（黒板に書き出そう）
（いずれも筆者撮影）

それと同時に，見つけ出した内容をノートに書き出していました。地図の配付前に世界の言語についてランキング形式で学習していたので，似ている言語を見つけ出し，地図中からすべての国を見つけ出した後に，これは「英語グループ」，「スペイン語グループ」，「アラビア語グループ」などとグループ分けをしました（写真3）。生徒たちは，くまなく地図を確認し，似ている言語を見つけ出そうとしていました。「フランスのボンジュールとイタリアのボンジョールノは似ているけど，ポルトガルのボンジイアも似ているものでいいのですか」，「アフガニスタンは本当にハローを使っているのですか」などと質問する生徒もいました。カラフルな色使いで生徒の関心も高く，共同学習の中から言語の共通性を見出すには適切な教材であったと改めて感じました。

1時間の授業で，言語についてのランキング，地図を使っての調べ学習とノートへの書き出し，使用している国が多い英語，スペイン語，アラビア語などを生徒が板書し確認するところまでを行うことができました。今後の学習としては，言語の共通性から語族という大別を行います。そして，言語の伝播を歴史

89

的な側面からも学びます。今日的な課題としてヨーロッパの言語問題であるスイスやベルギーの抱えている課題を資料集などで確認します。しかし，ここで学びを終えるのではなく，EUの言語教育や多言語主義にも話題を展開できれば，より現代的な課題を考えることができる授業になるのではないでしょうか。

## 4. 世界の宗教 ―日本の年中行事から宗教を学ぶ―
### (1)日本の年中行事

統計数理研究所が1953年以来5年ごとに行っている「日本人の国民性調査」（2013年調査）によれば，「宗教についておききしたいのですが，例えば，あなたは，何か信仰とか信心とかをもっていますか？」という質問に対し，日本人の72%がもっていない，信じていない，関心が無いと回答しています。しかし，「それでは，いままでの宗教にはかかわりなく，「宗教的な心」というものを，大切だと思いますか，それとも大切だとは思いませんか？」という質問には66%が大切と回答し，大切ではないとの回答（21%）に大きな差をつけています。このことから，日本人は特定の信仰をもっている人の割合は低いものの，宗教的な心を重んじている人は多いということが考えられます。

この調査結果を授業の出発点とし，日本の年中行事から日本人の生活に溶け込んでいる宗教行事はどのような意味をもつ行事なのかを明らかにしていきます。宗教への理解が乏しい生徒たちには，宗教の成立や教義，宗教人口の分布の授業を行っても，遠い世界の自分とは関係の薄い事柄に終わってしまうのではないかと考えたからです。

生徒から出てくる日本の年中行事は，1月の初詣に始まり，2月の節分やバレンタインデー，3月のひな祭り，5月の端午の節句，夏のお盆，10月のハロウィン，12月のクリスマスなどでした。年中行事以外の行事としては，結婚式やお葬式，成人式など生活に密着しているものはすんなりと答えが返ってきました。次の問いとして，「この行事に宗教的な意味合いはありますか，あるとするならばどの宗教でしょうか。」と聞きました。12月から1月にかけての行事を見ると，「クリスマスはイエス＝キリストの誕生日，正月料理を食べて，初詣は家族と家の近くの神社に行って，その次の日に成田山新勝寺に友達と行きました。」との回答がありました。この意見には多くの生徒が頷いていました。年末年始の大きなイベントとして生活に密着している行事でも，本来の宗教的な意味や過ごし方を理解している生徒は多くありませんでした。「でもよく考えてみると，クリ

スマスはキリスト教の行事，初詣は神道の神社に行き，翌日は仏教の寺に行く，これってすごく不思議なことだよね」そんなこと考えたこともなかったという生徒が多くみられました。

　一つ一つの行事を簡単に説明しながら，「日本人の生活は，生まれたら神社にお宮参り，大きくなってキリスト教会のチャペルで結婚式，お葬式は仏式で行うという人も少なくないですよね。じゃあいったいこの人は何教を信仰しているのだろうね」多くの生徒はまたしても「うーん」と困った様子を浮かべていました。今後国際化がより一層進み，異なるバックグラウンドをもった人々が互いを尊重しあいながら生活していく，その時に信仰心や宗教観はとても重要となります。

## (2) 日本人の宗教観

　オピニオンサイト「iRONNA（いろんな）」に掲載されている，小島伸之氏（上越教育大准教授）の記事を教材として使用しました。この記事の，「海外旅行の際に宗教（Religion）を聞かれたら何と答えるか，宗教なし（None）や無神論（Atheist）と答えると，外国の人々からは不審がられたり白い目で見られたりすることもあるのだ」という内容から，日本人の感覚と他の宗教の信者とのカルチャーギャップを気づかせました。この気づきを出発点に，一神教の宗教，多神教の宗教，日本に古くから伝わる八百万の神という考え方など神の捉え方をまとめました。

　その後の展開としては，宗教施設として，大聖堂やモスク，寺院の写真を比較したり，宗教的な活動としてキリスト教の日曜礼拝，ギリシャ正教会のイコンへの祈り，イスラームのサラート，ヒンドゥー教のプージャ，仏教の托鉢などの比較を写真や動画を見たりしながら各宗教の内容をまとめていきました。今まで知ることのなかった宗教のことを知り，生徒たちは驚きだけでなく新たな認識をもつことができました。そこに暮らす人々にとって，宗教は生きることの基礎にもなっているという認識を新たに学ぶことができました。

　振り返りのシートには，「今まで全く知らなかった宗教のことを知ることができてすごくためになった」，「日本では当たり前の考え方も他の宗教を信じている人から見たら怖いとか危険だって思われることを知ることができた」などの感想がありました。グローバルな視点から学びを深めるためには，自分の生活を掘り下げることが前段階で必要であり，多くの単元でそのような時間をコンパクトに設定していかなければならないと感じました。

## 5. 世界の宗教 ―広まるイスラーム文化―

　世界の宗教を学ぶ際に行ったもう一つの実践を紹介します。この教材は,「広まるイスラーム文化」を生徒に紹介するというものです。宗教の内容を学んでいく過程で,生徒の多くは,驚きをもって宗教を学び,世界の広さを実感していました。生徒の生活に密着した理解とするために,実際に千葉県ではどのような取り組みを行い,いろいろな宗教を信仰する人々が不自由しないようにしているのかという教材を探しました。この中で,キリスト教については古くから宗教への理解や教会などの設置が広まっているものの,今後世界での信者数が第1位になると予想されるイスラームへの理解や環境整備については現在進行形だと考えました。イスラームの特徴である,豚肉に代表される食物の禁忌,禁酒,ラマダーン月の断食,1日5回の礼拝などムスリムの生活は一般的な日本人の生活とはかなりかけ離れたものとして捉えられるでしょう。しかし,現在急速にムスリムの生活への整備が進んでいます。千葉県内では多くの訪日観光客の玄関となっている成田空港を抱える成田市だけでなく,千葉市が特に積極的にムスリムへの対応を行っています。イオンモール幕張新都心やホテルスプリングス幕張などでは礼拝場所が設置されています。2018年9月に千葉市が作成した「ムスリムおもてなしマップ(ver.4)」にはムスリムの人々が安心して観光や食事,礼拝を行うことができるように詳細な情報が紹介されています(**写真4,5**)。

**写真4　ムスリムおもてなしマップ**

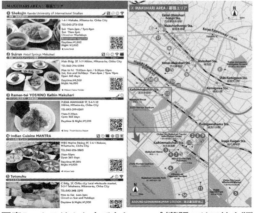

**写真5　ムスリムおもてなしマップ(幕張エリア拡大版)**
(いずれも千葉市提供)

食事面では，ムスリムの人々が安心して食べることのできるハラール認証を受けた食材を使用するレストランの情報や，ベジタリアン対応のレストランなどが掲載されています。また，礼拝所が用意されている施設も地図や写真つきで掲載されています。

　食事や礼拝所だけでなく，ムスリマ(イスラム教徒の女性)が男性の前では基本的にヒジャブを取ることができず安心して美容室に行くことができないため，個室対応などムスリマの受け入れ対応がされた美容室の情報も掲載されています。2020年の東京オリンピックに向け，より一層の整備が進んでいくと思われ，生徒に対しても広まるイスラーム文化を理解させることが大切ではないかと思い，この教材を授業で活用しました。

## 6.　おわりに

　今回紹介した三つの授業実践は，どれも大きなテーマをいかに生徒の生活のレベルに落とし込み，生活の中の知識として定着させるかということに主眼をおきました。今回紹介した三つの教材については，生徒の興味・関心が高く意欲的に活動したり，発言したりする姿が見られました。特に，地図を使った学習では生徒の取り組む姿勢もよく，共同学習の中で，地図を活用しグローバルな見方や考え方の基礎づくりを行うことの重要性を強く感じました。今後の課題としては，生徒たちの中学校までの既習内容の定着度合いによって，教材の難易度を変えなくてはならず，活動内容や活動形態，発問をさらに工夫しなくてはいけないと感じました。

### [参考文献]

・矢野恒太記念会（2016）『世界国勢図会〈2016/17〉』
・小島伸之「無神論者は「ならず者」？　外国人には理解できない日本人の宗教観」
　https://ironna.jp/article/6824　（最終閲覧日：2019年2月15日）
・千葉市「ムスリム旅行者受入環境整備」
　https://www.city.chiba.jp/keizainosei/keizai/promotion/inbound-promotion. html
　（最終閲覧日：2019年2月15日）
・千葉市「ムスリムのための千葉市滞在ガイド『ムスリムおもてなしマップ』」https://www.
　city.chiba.jp/keizainosei/keizai/promotion/documents/2018_muslimmap_web.pdf　（最
　終閲覧日：2019年2月15日）

（鴇川文也）

コラム②

# エシカルな消費者を育てる
―消費者教育における地理教育の可能性

　勉強が苦手な生徒も多い女子高校勤務です。生活をよりよいものとする実践的な学びを模索する中で，「よりよい消費者を社会に送り出す」ということを意識して授業づくりをするようになりました。

　私自身が高校生の時，倫理の授業で取り組んだ「フードマイレージ」のグループワークがずっと頭の片隅にあります。性別役割分業を固定すべきではありませんが，店頭で食材を選んだり調理をしたりするのは女性が担うことが多いのが現状です。高校卒業後に自立してからはもちろん，将来家庭を築く時，それぞれの毎日の消費活動が少しでも社会や世界のためになれば，よい世の中になっていくのではないかと思っています。

　初任の年に，地理Aの授業の時間を使い，学校から一番近いスーパーマーケットに生徒を連れて行きました。まるで小学生の町探検のようでしたが，親と一緒にスーパーで買い物をする経験が少ない生徒も多く，実際に売り場で食品を自分の目で見て産地や価格を調べる学習は，思ったよりも好評でした（校外での活動が嬉しかっただけかも？）。2年目以降は人員の都合で実施できませんでしたが，宿題という形で今も続けています。調べ学習の前段階の仕込みに慣れてくると，「地元の野菜が高いのは，新鮮さが売りだからかな」とか，「米産や豪産の牛肉が国産より安いのは，フィードロットだからじゃない」などと，話し合いの中で様々な気づきを得る生徒も出てくるようになりました。授業で培った地理的な視点や思考が日常生活に還元される時，生徒も学ぶ意義や面白さを感じているように思います。

　新学習指導要領の地理歴史の目標にも，「よりよい社会の実現を視野に課題を主体的に解決しようとする態度を養う」という文言があります。消費者教育の充実が求められていますが，社会をよくする行動は選挙で投票することだと思い込んでいる生徒には，この言葉を紹介しています。

　「Shopping is the Voting.」（買い物は投票である）

（山野井美里）

コラム③

# 地理的な視点で歴史の事象を彩る
## ─人文地理を時間軸に沿って積み重ねて見る

　1年生の世界史の授業中，ふと思いついて生徒たちに質問してみました。「ねぇねぇ，どうして王様や皇帝たちって，領土を拡大したがるの？」目を白黒させている生徒たちに，新たな領土を手に入れることでどのようなメリットがあるかを考えてもらいましたが，なかなかピンとこなかったようです。

　同じ質問を，2年生の地理の授業でもしてみました。「人が増えて税が多く集まる」「耕地の面積が広がって収穫量が増える」「地下資源がより多く手に入る」などなど。スラスラと出てくることに感心しました。

　世界史の教科書や資料集にも，地域ごとに地形や風土を紹介するページがあります。しかし，それ以外の大抵の地図は各国の領域を示す平坦なものです。そこには遺跡や戦場などを示す記号や人々の動きを示す線は書かれていますが，地下資源などの記述があるものはごく少数です。そのためか，世界史の授業では地理的な内容はつい「別物」と扱われがちな気がしています。

　地理の授業を担当するようになったある日，たまたま，ヨーロッパ最大の炭田があるシロンスクのドイツ語名がシュレジエンであることに気づきました。その時初めて，何故18世紀のオーストリアが宿敵のフランスと手を組んでまでプロイセンからシュレジエンを奪回したかったのか，心の底から納得しました。

　砂漠の中を貫く，ナイル川両岸の鮮やかな緑の帯が写っている衛星写真を見ると，「エジプトはナイルの賜物」という言葉がまさにぴったりだと感じます。気候や土壌に着目すると，イギリスで牧羊地を拡大するために第1次囲い込みが行われた必然性が推察できます。ナポレオンがもう少しロシアの風土に詳しければ，大陸封鎖令にロシアが従わないことを予測できたでしょう。

　歴史は決して一部の有名人の言動でだけで成り立っているのではなく，背景には時代ごとの人々の生活があります。人々が，どのような地面の上で，どのような大気の中でどう生活していたのか，を知ることで，歴史上のできごとがより立体的な「生きたもの」として感じられる，と思っています。

（金子麻理子）

▶第2節　地球的課題と国際協力

**人口問題**

# 1　「人口」を用いて地域を科学的に理解する
―生徒も授業者も，発表学習にチャレンジ！

## 1．はじめに

　地理学上における人口は，人文地理学の一分野である「人口地理学」として研究蓄積がなされています。日本において人口統計は，都道府県や市町村，さらには小地域（町丁字など）などの多様なスケールで，国勢調査をはじめとする詳細なものが長期にわたって取られており，地域像を描く指標としてたいへん有意義なものとなっています。

　多様な人口統計を活用することで地域の色彩があらわれてきます。授業では，生徒に対して「なぜ？」を問いかける格好の素材になりますし，地域における持続可能性を考えさせるきっかけにもなります。本稿では，国勢調査統計データを活用した「教師が全部を教え込む」のではなく「生徒が主体的で対話的な深い学び」となる実践事例を紹介します。

## 2．国勢調査の地理教育上の意義

　例えば，図1を見て下さい。これは，「国勢調査」などをもとに千葉県が作成（2015年度）した人口に関するグラフです。「総人口」「年少人口（15歳未満）」「生産年齢人口（15歳以上65歳未満）」「老年人口（65歳以上）」についてのこれまでの推移と，将来推計が示されています（2015年の数値は2014年10月1日現在の値）。これを見ると，今後千葉県の総人口・年少人口・生産年齢人口は減少を続け，老年人口は2040年ころまでは増える試算がなされているのがわかります。次に，図2を見て下さい。これは，2018年4月1日現在の千葉県人口です。さきほどの将来推計グラフと見比べると，老年人口は推計どおりに増加しているものの，人口総数は推計に反して増加に転じており，同時に年少人口と生産年齢人口も増加しています。いったいなぜなのでしょうか？これを生徒に問いかけることから，地域への漠然としたまなざしを研ぎ澄まさせます。

　日本の総人口は2008年の1億2808万人をピークに減少に転じ，人口減少

96　　第2章　国際理解と国際協力

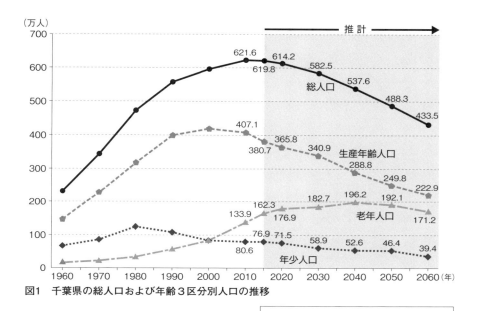

図1 千葉県の総人口および年齢3区分別人口の推移

社会が到来していることは、各種メディアなどでも伝えられています。ところが、千葉県の総人口は、2012年に一度減少傾向に転じたものの2014年から増加していることが図3のグラフより読み取れます。この理由を考えるためには、数字だけを追うのではなく「社会」や「地域」に目を向ける必要があるでしょう。

図2 千葉県人口
（％は総人口に占めるもの）
（千葉県総合企画部統計課資料より）

総人口：629.7万人
年少人口：77.4万人（12.3％）
生産年齢人口：386.0万人（61.3％）
老年人口：166.4万人（26.4％）
（2018年4月1日現在）

図4は、2014と17年を比較した千葉県内市町村別人口増減率を地図化したものです。これを見ると、県北西部地域を中心に人口が増加している傾向が読み取れます。特に、つくばエクスプレス開業（2005年）に伴う宅地開発が著しい流山市や、千葉ニュータウン開発による印西市、東京湾アクアライン開通（1997年）により利便性が増した木更津市や袖ケ浦市も人口が増加しています。

人口の動き（人口動態）には、出生・死亡に伴う「自然動態」と、転入・転出に伴う「社会動態」があります。千葉県の場合、少子高齢社会を反映して自然動態の収支は総じて減少していますが、社会動態は増加しています。表1を見ると、流山市は社会動態とともに自然動態も増加していることから、子育て世代が多く転入していることが推察されます。参考までに「年少人口割合（2018年4月1

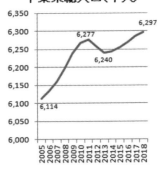

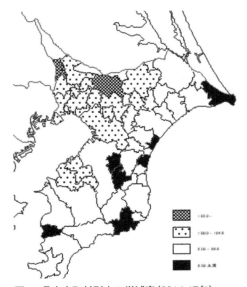

図4 県内市町村別人口増減率(2014-17年)
(図3・4とも千葉県総合企画部統計課資料より)

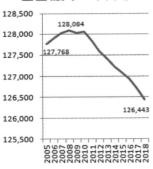

図3 千葉県と全国における総人口の推移

表1 千葉県内における人口動態例(2014年)

|  | 自然動態 | 社会動態 | 増減 |
| --- | --- | --- | --- |
| 流山市 | +441 | +2,432 | +2,873 |
| 木更津市 | -210 | +929 | +719 |
| 銚子市 | -633 | -563 | -1,196 |
| 千葉県 | -6,381 | +12,633 | +6,252 |

日現在)」のデータと重ね合わせてみると、全県では12.3%のところ、流山市は15.2%と、県内では印西市(15.7%)に次いで2位でした。

## 3. 国勢調査を活用した授業実践例
### (1)国勢調査とは

　統計法に基づいて、総務大臣が基幹統計である「国勢統計」を作成するために実施される重要で基本的な統計調査である国勢調査は、都道府県市区町村別での男女別人口や年齢3区分の人口および割合（15歳未満・15～64歳・65歳以上）、昼夜間人口比率、産業大分類別就業者数、産業3部門（第1次産業・第2次産業・第3次産業）就業者数および割合など、人口に関する多くの調査項目が集計、公表されています。これらは、ウェブサイト「E-Stat（政府統計の総合窓

```
（実施概要：2013年2月に実施）
対象：千葉県立千葉高等学校　地理A受講者327名（男女共学）〈1年生・8クラス〉
発表学習対象地域：大潟村（秋田県），南大東村（沖縄県），豊田市（愛知県），六ヶ所村
　　　　　　　　　（青森県），滝沢村（岩手県），新宿区（東京都）
　　　　　　　　　⇒このうち，本稿では「滝沢村」部分のみを紹介します。
内容：「現代世界の系統地理的考察」の「人口と村落・都市」に関連づけて，以下の3段
　　　階で実施。
　　Ⅰ　基礎学習として，「都市と村落」発表学習対象6地域の産業別人口構成を学習
　　Ⅱ　発表学習　⇒1時間で3班発表，各クラス2時間（50分×2）を配当。
　　Ⅲ　発表学習後のまとめ（補足）と日本の都市制度を学習
発表学習手順：・各クラスを6班に分ける（出席番号をもとに授業者が機械的に）
　　　　　　　・発表方法は自由
　　　　　　　・発表時間は各班 10〜14分（発表間の準備時間は1分）
　　　　　　　・レジュメを必ず用意・配付（B4サイズ，片面。「地図」を必ず入れる。）
　　　　　　　・授業時間を発表準備時間に充てない。
```

**図5　授業実施概要**

口）」よりエクセルデータとして入手することが可能です。

　高校地理での人口の取り扱いは多様です。先進国における少子高齢社会，発展途上国の人口爆発といった従来型の視点に加え，持続可能なまちづくりを提案するESD型の課題解決学習まで多岐にわたります。共通するのは，人口を素材として地域を科学することです。

## (2)産業別就業人口構成比を用いた事前作業学習

　人口などを切り口として地域について発表学習を行った授業実践（千葉県立千葉高等学校・2012年度実施）を紹介します（図5）。

　まず，基礎学習として産業別就業人口構成を一斉授業で扱いました。ウィリアム=ペティ（英・経済学者,1623〜87）は，農業→製造業→商業の順に収益率が高まることを指摘し，コーリン=クラーク（英・経済学者,1905〜89）は第1次産業（農林水産業など狩猟・採集業），第2次産業（製造業など工業生産・加工業），第3次産業（金融業，運輸業，対人サービスなど非物質的な生産業や配分業）と産業を三分類したことで知られています。二人の学説が合わさったものを「ペティ=クラークの法則」と呼び，一般に経済発展とともに域内経済における第1次産業の比重が低下し，第2次産業，その後は第3次産業の比重が高まっていくという「産業の高度化」を説明しました。この理論を地域に応用すると，"人口が集中する行政単位≒都市≒第3次産業が卓越"とみなすことができます。

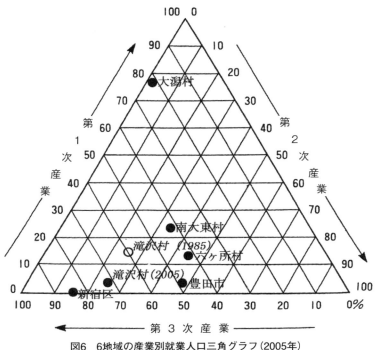

図6 6地域の産業別就業人口三角グラフ(2005年)

　そこで,地域の性格を視覚的に表現する方法として三角グラフ(図6)が用いられます。このグラフは,三つの辺に示された数値からのびる線と線の交点を読み取るもので,その際,軸は"左側"のものを用います。例えば,滝沢村(2005年)の第1次産業就業人口比は5.7%,第2次産業は23.0%,第3次産業は71.3%でした。これに対し滝沢村(1985年)は第1次産業15.2%,第2次産業24.1%。第3次産業60.7%で,20年間で第3次産業に就業する住民の割合が増加したことがわかります。このように三角グラフでは,"左下"に位置するほど第3次産業就業者の割合が高い"都市的空間"であると判断できるのです。また大潟村のようにグラフの"頂点"に位置する傾向は,第1次産業就業者の割合が高い"村落的空間"であると理解することができます。

　通常の一斉授業において,各地域における産業別就業人口構成比のデータを提示し,三角グラフ上に打点させる作業学習を通じて,地域を見る目の一つを養わせました。

表2　発表学習対象地域と指定要素

| | 対象地域 | 指定要素(発表に必ず絡めるべきキーワード) | |
|---|---|---|---|
| 1 | 大潟村(秋田県) | 八郎潟 | ピーター=ヤンセン |
| 2 | 南大東村(沖縄県) | 玉置半右衛門 | シュガートレイン |
| 3 | 豊田市(愛知県) | 豊田佐吉 | 挙母 |
| 4 | 六ヶ所村(青森県) | 日本原燃株式会社 | 石油備蓄 |
| 5 | 滝沢村(岩手県) | **日本一** | 岩手山 |
| 6 | 新宿区(東京都) | 外国人 | 副都心 |

## (3) 日本の市区町村を単位とした発表学習

　そして、いよいよ「発表学習」です。実施校における当時の教育課程では、1年時に「倫理」と「地理A」(ともに2単位)を履修させていました。先行して倫理が「発表学習(班別の劇)」を取り入れていたことから、生徒も抵抗がほぼありません。地理においては発表方法を自由としましたが、ほとんどの班で劇(寸劇)が行われました。中には、学校周辺はもとより近くの海岸まで出向いて劇の映像を撮影し、その映像を用いてさらに劇を披露するなど、とても意欲的な取り組みをする班もあり、少ない準備時間(2週間程度)でよくここまでアクティブに発表学習をこなせると、授業者が舌を巻いてしまいました。

　発表学習を行うにあたり、あらかじめ生徒には発表対象地域の詳細を示していません。クラスの生徒を機械的に6班へ振り分けた後、唐突に六つの地域の中から発表対象を選択させます。その際、表2のみを提示し、後は生徒の想像力に任せて発表準備をさせます。すると、どの班も授業者の意図通りの発表をし、さらに想定を上回る地域への優れた視点がよく伝わる発表を成し遂げた班もありました。そのうち「滝沢村」については、キーワード「日本一」からすべて

**写真1　滝沢村を劇で発表した班の一場面**　　　　　　　　　　(筆者撮影)

のクラス・班で、"人口が日本一多い村"であることを導き出せていました。しかも、後述する地方自治法に基づく都市制度にまで言及した班もありました。ま

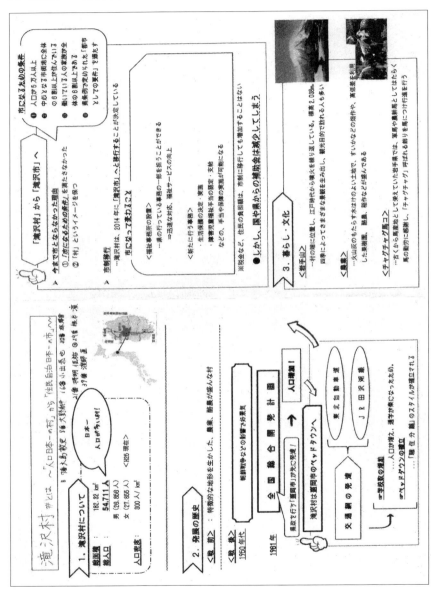

図7 滝沢村に関するレジュメの例

た「岩手山」については，観光や地域農牧業，地形と絡めて，滝沢村の個性を多角的に紹介し，地域の多様性を主体的に学ぶことができていました。

## 4．おわりに

　総人口・老年人口・男女別人口・人口動態・産業別就業人口構成など，多様で詳細なスケールにまで集計・蓄積されている人口統計は，地域を多角的に考察できるシンプルで活用の幅が広いものです。また，人口をもとに生徒にはこの次の授業で示しましたが，町や村から市となるためには，「人口五万人以上を有する」といった地方自治法第8条や，「高等学校や官公署がいくつ以上設けられていること」と都府県の条例によって，地方公共団体が規定されている事実へつなげられます。

　数字だけに視点をおくのではなく，数値から地域空間の多彩さを理解し，地域課題をみつけ，持続可能な地域づくりへと実践的に接続できるのは，地理学の強みであると確信しています。ぜひ「人口」を素材として，地域を「科学」してみてください。

### ［参考文献］

・河合雅司（2019）『未来の地図帳　人口減少日本で各地に起きること』講談社現代新書
・河野稠果（2007）『人口学への招待』中公新書
・経済産業省・内閣官房「RESAS-地域経済分析システム」　https://resas.go.jp/（最終閲覧日：2019年3月17日）
・曽我謙悟（2019）『日本の地方政府　1700自治体の実態と課題』中公新書
・総務省「日本標準産業分類」　http://www.soumu.go.jp/toukei_toukatsu/index/seido/sangyo/index.htm（最終閲覧日：2019年3月17日）
・岩手県滝沢市　http://takizawa.iwate.jp/shseiikoutetuduki（最終閲覧日：2019年3月17日）
・千葉県「千葉県人口ビジョン 及び 千葉県地方創生『総合戦略』」https://www.pref.chiba.lg.jp/seisaku/chihousousei/vision_and_strategy.html（最終閲覧日：2019年10月8日）
・矢野恒太記念会（2017）『データでみる県勢　2018年版』
・独立行政法人統計センター　「E-Stat（政府統計の総合窓口）」https://www.e-stat.go.jp/（最終閲覧日：2019年3月17日）
・千葉県「千葉県の統計情報」　https://www.pref.chiba.lg.jp/toukei/toukeidata/hiroba/index.html（最終閲覧日：2019年3月17日）

（後藤泰彦）

**食料問題**

# 2 地球的課題としての食料問題
―食べ物を通して世界の課題に気づく授業を考える

## 1. はじめに

　「食」は人々の生活の根幹をなすものであり，生徒自身にとって身近で関心の高いテーマです。私たちが普段食べているものがどこから来ているのか，どのように消費され，廃棄されているのかといった，一連の流れを理解し，その問題点を考えることは，地理の学習に課せられた重要なテーマであるといえます。このことは，地理Aにおける「地球的課題」や，地理Bにおける「世界の農業」や「食料問題」の分野においてすでに取り扱われてきた内容ですが，「地理総合」において，ESDやSDGsにかかわる内容という観点からも，今後さらに重視されるものと考えられます。

　「食料問題」には，「飢餓と飽食」といった地球規模の課題から，「食品ロス」や「食の安全」に関する身近な課題まで，幅広いテーマがあげられます。また普段食べているものが，どこで生産され，どのようなルートを通って私たちの手元に届いているのかを知ることや，普段食べているものが本当に安全なものであるのかといった消費者としての視点を養うことも重要です。

　2015年に国連で「持続可能な開発目標（Sustainable Development Goals）」が採択されました。2030年までに達成を目指す17分野の目標で示すターゲットには「食品廃棄を半減させる」や「育児や介護，家事という家庭内の無報酬労働を評価し，責任を分担する」といった日常生活でも取り組めるものが多く含まれています。同時にその達成に向けては，まだ多くの部分で課題があると指摘されているものも多いと言われています。「地理総合」ではこれらの内容について取り扱い，将来を担う世代となる生徒一人ひとりが自らの課題として捉えていくこと，考える力を養い，当事者としての意識を向上させていくことがより一層重視されると考えられます。

　本稿では，「食料問題」について，「世界の農林水産業」の内容との関連で，食にかかわる諸問題としてどのようなことがあげられるのか，解決に向けてどのよ

104　第2章　国際理解と国際協力

うな努力が必要であるのかといった内容を学び，考えさせる実践を紹介したいと思います。

## 2．身につけさせたい力

　地理で学ぶ内容には，食料問題や環境問題，南北問題など，様々な地球規模の課題が含まれています。授業実践を通し，世界の諸課題についての正しい知識を身につけ，将来世代を担う一人として意識を高めていくことが重要となります。

　この目標を達成するため，授業内容や教科書から得られた知識を基礎に，その課題の要因や影響（＝因果関係）を考え，他の諸問題とのつながりを理解すること。その課題に対し，どのような対応や行動が求められているのかについて，考える，話し合う，書き出す，意見を述べるといった活動を取り入れ，生徒一人ひとりの意識を向上させていけるような取り組みが求められます。

　まず自分の生活の身近で起こっている問題を素材に学びを深めることを導入に，諸課題の相互のつながりや因果関係を考え，意識させること。その問題が世界各地で起こっている課題とどのようにつながっているのかを考えること。この積み重ねを通して，地球規模の課題（Globalな課題）と身近な課題（Localな課題）との接点を見出し，考えを深めるきっかけにしていきたいと考えています。

　大学入試センター試験（今後は2020年よりスタートする新テスト）の地理では，学習してきた内容を，提示される数々の統計やグラフ，統計地図などの客観的なデータを参考にしながら読み解く「資料判断力」が求められます。食料問題や環境問題など地球規模の課題について，正しい理解を深めさせるうえでは，資料集や地図帳，あるいは新聞記事などの資料をもとに，その問題点を考え，分析していく経験を取り入れることも重要です。この積み重ねが，様々な課題に対する分析力や考察力を磨く一歩にもつながっていくと考えられます。

　世界の諸問題に向き合い，関心を高め，将来世代を担う主体として，これらの課題に対する当事者としての意識を高めていくこと。その一方で課題に対する分析力や考察力を磨いていくこと。この二つの両立を目指した授業実践としては至らない面も多々ありますが，それに向けた工夫や試行錯誤の過程を以下に紹介し，今後の課題について考察していきたいと考えています。

## 3. 食料問題についての授業実践

　ここでは，「世界の農林水産業」のまとめとして「食料問題」について考える授業を実践しました。この実践をベースにし，内容を紹介しつつ，提案や今後の課題や反省も含め，述べていきたいと思います。

　すでに環境問題の授業を実践しており，その際に地球規模の課題についての知識を身につけ，関心を高めつつ考察を深めさせることを目指してきました。そこではそれぞれの課題が相互につながっていること，因果関係を考え理解することが重要であることを強調し，そのことを本実践においても生かすよう心掛けました。

　なお，本テーマは2時間で構成し，(1)と(2)で1時間目，(3)と(4)で2時間目という流れで実施しました。

### (1)食料問題とは何か

　一言で食料問題と言っても，その内容や起こり方は世界の各地域によって大きく異なります。食料問題の内容や実態については，生徒もある程度の知識をもっていることも多いため，できるだけ生徒自身から得られた知識や考えを授業展開に生かす工夫を心掛けました。

　その一つとして，マインドマップや因果関係図の形での整理があげられます。全体像を把握し，それぞれの問題が相互につながりをもっていることの理解を深めるうえで有効であると考えています。

　ここでは，ペアでの対話を通して農業や食料問題とは何かを話し合い，まとめる作業を実践しました。まとめ方は，箇条書き，マインドマップ，相関図など任意の形で進めるよう指示しました(図1)。

　自らがまとめた内容を発表し，他のペアが発表した内容を聴くことで，地球上のある地域(特にサハラ以南のアフリカなど)では人口増加や砂漠化などの環境問題の進行により，食料不足が発生していること。その一方，先進国を中心とした地域では「食品ロス」や「食料自給率の低下」，「食の安全性」などが社会問題となっていること。こうして食料問題にも様々な側面があり，地域によってその内容や起こり方が大きく異なることに気づき，理解を深めた生徒も多かったようです。

### (2)アフリカ　―サヘル地方の砂漠化と飢餓問題―

　すでに「地球規模の環境問題」の単元において，世界各地で砂漠化が進行している地域があることを学習してきました(図2)。その中で「アフリカ　サヘル地

106　第2章　国際理解と国際協力

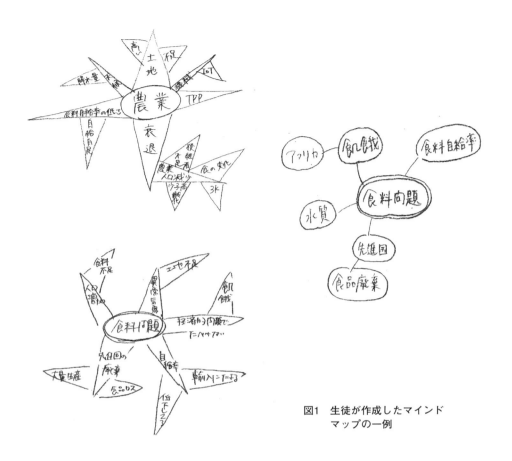

図1　生徒が作成したマインドマップの一例

方の砂漠化」について取り上げていたため，人口増加→過放牧や過耕作などによる土地の劣化→砂漠化→食料問題，という流れは比較的連想しやすかったようです。この授業展開は，グローバルな諸課題が，いくつもの要因が複雑に絡み合って発生しているという点の理解に役立ちました。

「飢餓はなぜ起こるのか」といった問いかけについては，マインドマップや因果関係図などを用い，発問で生徒から出た知識や意見を生かしながら板書する，あるいは，グループワークにて模造紙などにまとめさせ，発表するといった工夫があげられます。その活動を通して，生徒一人ひとりが，諸課題の発生する要因や，それによって発生する影響の一つ一つを整理し，つなげて理解することに役立つと期待されます。

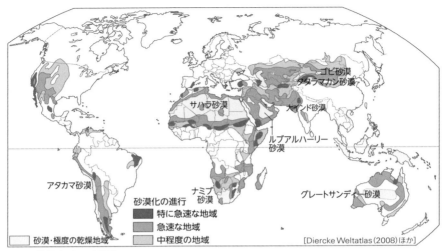

図2　世界各地の砂漠化

### (3) 発展途上国の食料問題と国際協力

　国際協力, 国際援助とはどのようなものでしょうか。高校生の多くは協力, 支援というものについて, 一方的に「あげる」ものであると考えていることも多いように感じます。確かに生徒自身が直接取り組めることとして,「寄付」や「募金」が重要な行動であることも事実です。その重要性を理解しつつも, ここでは「募金」や「食料援助」と並び,「自立することのできる支援」が重要であることに気づかせていく実践を取り上げたいと思います。

　教科書に掲載されている次ページの写真をフォトランゲージとして使用し, 次の発問をしました。

（発問）
・それぞれ何をしているところか。
・どのような違いがあるか。

　上記の発問から, 生徒に話し合わせ, 意見を聞いたところ, ともに食料問題や食料不足で悩んでいる地域に対し, 何らかの支援や協力をしているところであるという意見が出てきました。

　写真1は食料不足の地域に対し, 緊急的に実施される食料援助であること。それに対し写真2は, 日本人の青年海外協力隊が現地の人々とともに活動しながら支援をしていること。それぞれについて簡単に解説した後, そこで気がつい

写真1　国連世界食糧計画（WFP）による子どもたちへの食料援助
(PANA通信社提供)

写真2　現地農家との協働でネリカ米を育てる青年海外協力隊委員
(茂田敬介提供)

たことや考えたことを話し合う場を設けました。
　世界各地で飢餓に苦しむ地域に対しては，迅速な食料援助が求められます。こういった緊急的な協力に対し，青年海外協力隊の活動，NGO活動などは，現地の人々の目線に立ち，その地域の人々とともに活動することで，いずれ協力をする側の人々がその地を離れた後も，地域として自立することにつながっていきます。その考察にまで到達した生徒はごく少数ですが，このような事例を比

較しながら紹介し，考えさせることを通し，国際協力においてどのようなことが重要であるかの理解にもつながると期待されます。

　その一方で先進国側の支援について，いわゆる「上から目線」の「やってあげている」という偏った印象が先行してしまわないかという懸念もあるため，この課題については今後，様々な実践事例を参考にしながら再検討していきたいと考えています。

## (4) 先進国の食料問題

　2015年に国連で採択された「持続可能な開発目標（Sustainable Development Goals）」において，2030年までに達成を目指す17分野の目標が明示されています。その中に「食品廃棄を半減させる」という内容が含まれていることを踏まえ，私たちの身近で起こっている問題から食料問題を考える授業を実践しました。

　図1のマインドマップが示すように，生徒は「食品ロス」や「食料自給率の低下」などについて，一通りの知識をもっていることが多いです。この他，遺伝子組み換え食品に代表される「食の安全性」に関する問題についても，関心をもっている生徒は多く，こういったテーマは公民科や家庭科など，教科の枠をこえて取り組むべき課題であるとも考えています。

　本授業ではそのことをさらに深めていくべく，教科書や資料集を用いて，食料自給率低下や輸入の問題点などを一通り学習した後，食品ロスの問題としてここ数年話題となっている「恵方巻き」のことを取り上げた新聞記事を活用しました（写真3）。

　海外で食料不足が問題となっている反面，日本では多くの食品を廃棄していること。その矛盾にどう向き合えばよいか，健全で倫理感のある消費者としての視点をもつ大切さに気づいた生徒も多かったようです。


## 4．まとめ

　食料問題や環境問題など，地理学習における地球規模の課題についての取り扱いと指導は，その要因と影響の「現状認識」にとどまってきた傾向があります。今後はこうした「現状認識」を土台にしながら，私たちにできることは何か，具体的な解決策として何があげられるかを重視した学習が求められます。生徒一人ひとりが地球規模の課題に対し，悲観的なイメージだけをもつのではなく，解決に向けて様々な可能性があるという前向きな思考で学習を終えることができるような工夫が求められると考えています。

110　　第2章　国際理解と国際協力

写真3　食品廃棄を報じる新聞　　　　　(2019年2月5日付,朝日新聞社提供)

　日本各地に設置される生ごみ処理施設や，海外の事例として生ごみをバイオガスとして利用する施設など，食料問題の対応について多くの事例を取り上げていくこと。解決に向け，国，地域，企業，個人といったあらゆる主体にできることは何かを考えていくこと。そのための学びを深め，情報を提供するうえで，新聞記事や各種の映像教材（例：NHK　高校講座「地理」など）には，生徒の意識向上に向けた多くの有効な素材が含まれていると考えています。

　今後，授業展開において，その一端を提示し紹介していくことをきっかけに，生徒自身が主体的に調べ，探究していくことにつなげていきたいと考えています。

[参考文献]
・ローリー・ルービン（1993）『フード・ファースト・カリキュラム―食べものを通して世界を見つめよう』　ERIC国際理解教育センター
・全国地理教育研究会編（2005）『月刊地理増刊　地球に学ぶ新しい地理授業』古今書院
・山口幸男他編（2016）『地理教育研究の新展開』古今書院

(廣嶋伸道)

**資源問題**

# 3 水資源から世界を考える

―身近な水から水に関する諸問題を考える

## 1. はじめに

　新学習指導要領「地理総合」の「B　国際理解と国際協力」「(1)生活文化の多様性と国際理解」の「資源」について、「水資源」を取り上げます。水はなくてはならない大切なものだとわかっていながら、関心のない生徒が多いと思います。そこで、少しでも水に関心をもち、水にかかわる諸問題を自らのこととして捉え、その解決に向けて自ら行動できる生徒を育成するために、この授業を展開しました。

　一つ目は、身近な「飲料水」を取り上げます。調べ学習や「水」を実際に飲み比べる体験学習、グループ協議や発表・ランキングなどの学習形態を取り入れ、「飲料水」から水にかかわる環境問題につなげていきます。二つ目として「バーチャルウォーター（仮想水）」を取り上げます。私たちは、飲料水以外に「見えない水」を使っています。それは知らないうちに他国の水資源を大量に利用していることを意味します。調べ学習、体験学習、作業学習、グループ協議・発表などの学習形態を取り入れ、輸入に頼っている日本の食料事情からバーチャルウォーターを考えさせ、世界の水問題につなげていきます。

## 2. 「飲料水」から環境問題を考える

　生徒は、水はあることがあたり前、蛇口から出てあたり前という感覚になってしまっています。この授業では「ミネラルウォーター」「おいしい水の条件」「水道水のでき方」「水道水と水源との関係」「生活排水と水質汚染の問題」を取り上げ、「水」について少しでも生徒に興味関心をもたせたいと思います。そして、私たちの日常生活のちょっとした工夫・実践が水質汚染の改善につながり、おいしい水を飲むことができることを考えさせ、環境問題を考えるうえでとても重要なこととして生徒に伝えていきます。この実践では、調べ学習、体験学習、グループ討議、発表・ランキングの授業方法を取り入れ、生徒が考えたこ

と・体験し感じたことなどを率直に発表させることで授業をいかに活動的にするか，ということを考えながら授業を展開しました。

## (1)ミネラルウォーターについて（2時間扱い）

　1時間目の授業では生徒にミネラルウォーターについて興味関心をもってもらうため，市販されているミネラルウォーターを近くのコンビニエンスストアーやスーパーで買い物のついでに見てくるよう，事前に指示してからこの授業を始めました。日本・アメリカ・フランス・イタリアの国別のミネラルウォーターの一人当たりの年間消費量の推移の表を見せて，どんなことが読み取れるか考えさせました。

　2時間目の授業(表1)では，代表的なミネラルウォーターの飲み比べを行いました。

　「エビアン」・「ボルビック」・「ヴィッテル」・「ペリエ」の飲み比べを希望者を募って行いました。ほとんどのクラスで生徒が積極的に前に出てきてくれ，飲み比べができました。人気があった水は「ボルビック」・「エビアン」・「ヴィッテル」の順でした。「ペリエ」は日本では珍しい天然炭酸水なので，飲み比べの時にビンをわざと振ってから栓を開けたので水が勢いよくビンから溢れてしまいました。生徒は「ペリエ」に興味津々で，まず最初に「ペリエ」を飲みにきました。この水はかなり癖がある水なので，生徒の口には合わない様子でした。試飲をしない生徒にはこちらから勧めましたが強要はしませんでした。授業中は恥ずかしいのか，授業が終わってから「先生，飲ませて」と言ってきた生徒が何人もいました。次に飲み比べた4種類のミネラルウォーターの販売価格から，高いか安いかを挙手させました。次の授業のねらいである「本当にミネラルウォーターはおいしくて，水道水はおいしくないのか。おいしい水とはどのような水だろうか」につなげるように授業を進めました。

## (2)おいしい水とはどんな水だろうか（1時間扱い）

　この授業の導入は水の飲み比べから始めました。今回の飲み比べはA水道水（学校の水道水で常温）・Bミネラルウォーター（常温）・C水道水（学校の水道水を一晩冷やした冷水）の3種類の水を何かわからないようにして希望者にAから順に飲ませました(写真1・2)。この飲み比べもかなり賑やかな授業になりました。生徒は「これはまずい」「これは水道水だ」「これはおいしいからミネラルウォーターだ」「何で1本だけ冷たいの？」など，いろいろとしゃべりながら飲んでいました。こちらはニコニコしながら「へぇ～そうかな」と生徒をはぐらか

**表1 「ミネラルウォーターについて」の2時間目の学習展開**

| | 指導内容 | 学習内容 | 指導上の留意点 |
|---|---|---|---|
| 導入<br>5分 | 前回の復習 | ・前回の授業の復習 | ・質問をしながら，ポイントを押さえる。 |
| 展開<br>40分 | ミネラルとは | ・ミネラルとはカルシウム・マグネシウム・ナトリウムなどの鉱物質の総称であることを理解する。 | ・あまり深入りせずに，ミネラルを大まかに捉えさせる。 |
| | ミネラルウォーターとは | ・ミネラルウォーターの基準をヨーロッパ（ＥＵ）の基準（一部）と日本の基準を例にあげ，国によって基準が異なることを理解する。 | ・ミネラルウォーターの基準が国や地域によって様々であることを理解させるとともに，日本の基準は加熱処理や濾過で殺菌・除菌を行っていることを理解させる。 |
| | 代表的なミネラルウォーターについて | ・「エビアン」・「ボルビック」・「ヴィッテル」・「ペリエ」の採水国「フランス」を地図帳で調べる。 | ・地図帳を使って「フランス」を調べさせる |
| | | ・4種類のミネラルウォーターについて，採水地と特徴などを理解する。 | ・プリントより，「エビアン」・「ボルビック」・「ヴィッテル」・「ペリエ」について採水地・特徴などを説明する。 |
| | | ・飲み比べをする。 | ・多くの生徒に試飲させる。また，一番おいしいと思う水を答えさせる。 |
| | ミネラルウォーターと水道水の価格の差について | ・4種類のミネラルウォーターの販売価格が高いか安いか挙手をする。 | ・4種類のミネラルウォーターの購入価格を生徒に伝え，価格について考えさせる。 |
| | | ・ミネラルウォーターと水道水の価格差は約500倍になることを理解する。 | ・ミネラルウォーターは水道水に比べ値段は高いのに，どうして日本では消費量が年々増加しているのか，考えさせる。 |
| | 日本のミネラルウォーターの消費量について | ・どうして日本ではミネラルウォーターの一人当たりの消費が年々増加しているのか考える。 | ・ミネラルウォーターは「おいしいから」，「健康にいいから」といった答えが予想されるが，本当にそうなのか次回の授業につなげるようにする。 |
| まとめ<br>5分 | 次回の授業の予告 | ・「おいしい水とはどのような水だろうか」次回の授業まで考える。 | ・「おいしい水とはどのような水だろうか」自分の意見をまとめておくように指示する。 |

写真1　用意したミネラルウォーター

写真2　飲み比べの様子

(いずれも筆者撮影)

しながら対応しました。ひと通り飲ませてから「さあ，プリントの内容をやるよ」と言ったら，生徒は「答えを教えてよ」と言ってきましたが「答えは授業の最後に発表するよ」「今日のこれからの授業を聞いていればA・B・Cの水がどのような水かわかるよ」と言って授業を進めました。授業は「おいしい水ってどのような水」と題しておいしい水の条件の話をしました。種明かしをする時は，実際に飲み比べた生徒は興味津々にこちらを見ていました。

(3) 水道水はどのようにつくられているのか (1時間扱い)

　水道水の製造方法と本校の水道水がどこから来ているかについては，講義で行いました。

(4) おいしい水と水源との関係について (1時間扱い)

　私たちの生活排水はどのくらい水源を汚しているについて講義で行いました。環境省の「生活排水読本」を参考にして，生活排水の具体例(天ぷら油・マヨネーズ・牛乳・みそ汁(ジャガイモ)・米のとぎ汁・ソース・シャンプー)を示し，これらを流してしまった時，その水を魚が棲める水質にするためには浴槽の水(浴槽は約300リットル)が何倍必要か，予測させました。

　そして，私たちが少しでもおいしい水道水を飲むために，汚れた水をそのまま流さない方策を具体的に考えさせプリントに記入させました。

(5) 水質汚染とその解決に向けて (1時間扱い)

　前回の授業で各自で考えた汚れた水をそのまま流さない方策を発表させました。そして，環境省の「生活排水読本」の中の「みんなで実行！家計にもやさしい生活排水対策・10の工夫」を活用して，

　①10項目の中から自分ができそうな項目を三つ選ぶ。

　②選んだ三つをランキングする。

③①・②をそれぞれを挙手する。

④1番に選んだ項目の理由を答える。

⑤この10項目以外に生活排水対策を考える。

　次に，クラスを4〜5名ずつのグループに分け，同様に①〜⑤を行わせました。その後，グループで話し合ったことをそれぞれ発表させました。

## 3．「バーチャルウォーター」から世界の水問題を考える

　2では「飲料水」の視点から水を取り上げ環境問題につなげましたが，この授業では，「バーチャルウォーター」から世界の水問題を考えるグローバルな視点で水を捉えていきます。ここでは日本のバーチャルウォーターのほとんどを占める農産物を中心に取り上げます。「自分たちが1日に使う水の量を実生活から調べ，海外の水不足に悩む国々と水事情を比較する」「バーチャルウォーターとは」「日本の食料自給率とバーチャルウォーター」「農産物を日本に輸出している国の農業と水事情」を取り上げ，食料を大量に輸入している日本は外国の水を大量に輸入しているということ，つまり日本人は外国の水資源を大量に使っているということを実感させたいと思います。そして，「このまま世界中で水を使い続けることでどんなことが起こるか」を予想させ，「自分たちにできること」を考えさせたいと思います。この実践では生徒の日常生活に結びつけ，自分たちの身近な問題であることを意識させるように，調べ学習，体験学習，作業学習，グループ協議・発表などの授業方法を取り入れます。

### (1)自分たちが1日の水の使用量を実生活から調べ，海外の水不足に悩む国々と水事情を比較する。(1時間扱い)

　「水がないと死んじゃうよ！」と題して，体内にもっている水の量と体内の水がどのくらい失われると死に至るかを計算させました。ここでは10リットルのバケツを使って具体的なイメージが湧くように心掛けました。「水がないと生活できないよ！」では自分たちは1日にどれくらい水を使っているかを事前に項目ごとに調べさせ計算させました。生徒たちは「自分たちがたくさん水を使っていることに驚いた。」という感想が多かったです。「世界には水不足に悩む国がたくさんあるよ！」では1日に使う水の量が30リットル以下の国を地図に着色させました。そして，水不足で悩む人々の生活を紹介し，主に女性や子どもが行う水汲みがいかにたいへんな仕事かを実際に16リットルの水が入ったリュックを生徒に背負わせたり，持たせたりして教室を歩かせました。背負って尻もちをつ

116　第2章　国際理解と国際協力

く男子生徒がいたり，特に女子からは「重い！」「持てない！」といった意見が多く出ました(写真3)。

## (2)バーチャルウォーターって何？（1時間扱い）

授業の最初に水に関する簡単な質問を行いました。（　）は生徒の回答率(%)です。

①一番多く水を使っているのはどれか。
ア　生活用水(47)　　イ　農業用水(37)
ウ　工業用水(16)

②一番多く水を使っているのはどれか。
ア　牛丼を一杯食べた。(1)

写真3　16リットルの水が入ったリュックサックを背負う生徒

(筆者撮影)

イ　浴槽の水をいっぱいにした。(14)
ウ　洗車で水を1時間出し続けた。(85)

③ある国で水不足が深刻になっています。あなたはその時どう感じますか。
ア　日本とは関係がない。(25)
イ　日本のことのように心配。(15)
ウ　遠い国のことならあまり心配しない。(60)

まずは自分で答えを記入させ，挙手させました。その後に①②について答えを言いました。②の答えを言った時，「エ〜！なんで〜牛丼なの？」という声が多く出ました。「何ででしょう。牛丼を食べて水をがぶ飲みするのかな〜？そんなわけないよね。私たちは見えない水を使っているのだよ。つまりこれがバーチャルウォーターというのだよ。なぜかは今日の授業を受けたらわかるよ」と言ってバーチャルウォーターの説明を行いました。次に具体的にどれくらい水が使われているか，米・小麦・大豆・とうもろこし・豚肉・牛肉などの例をあげて示しました。最後に牛丼一杯の大まかなバーチャルウォーターを計算させました。そして質問②の浴槽（約300リットル）と洗車（約240リットル）の水の量を説明して，牛丼が一番多いことを確認させました(図1)。

## (3)日本の食料自給率とバーチャルウォーター　（1時間扱い）

最初に食料自給率とは何かを押さえ，主な食料の自給率と日本の食料自給率を確認させました。どうして以前と比べて食料自給率が低下したのかを，1954年の食事風景と現代の食事風景の2枚の写真を見せて考えさせました。次に完全自給できない小麦・大豆・とうもろこし・牛肉をどこからどれくらい輸入しているかをグラフから読み取らせ，それらの農産物の輸入国（第3位まで）を白地

```
牛丼レシピ（1人前）
  牛肉100ｇ・米100ｇ・玉ねぎ40ｇ・しょうが・調味料

  牛肉     70ｇ ×│20,600│＝1,442kg…1,442リットル①
  米      120ｇ ×│3,700│＝444kg…444リットル②
  玉ねぎ   20ｇ ×│158│＝3.16kg…3.16リットル③
  ①＋②＋③＝1,889.16リットル
  │      │はＶＷ基準値（㎥/t)
```

**図1　牛丼一杯のバーチャルウォーターの計算**　　　　　　　　環境省ＨＰ「vritual water」より

図に記入させました。最後に「日本は大量の食糧を輸入しているということは，大量の何を輸入していることと同じになるのか」という発問をしました。ほとんどのクラスから「水」という答えがすぐに返ってきました。「どこの国からバーチャルウォーターを多く輸入しているか」との発問にも，白地図に輸入国を記入させたことで「アメリカ」という答えがすぐに返ってきました。「では，アメリカはこんなに水を輸出できるくらい水は豊かだろうか」と次回の授業予告をしました。

## (4)農産物を日本に輸出している国（主にアメリカ）の農業と水事情（1時間扱い）

　最初にアメリカの小麦・大豆・とうもろこし・牛肉の生産の世界に占める割合をグラフから読み取らせ，アメリカの農業地域を着色させました。世界最大の地下水層のオガララ帯水層の枯渇問題を取り上げ，アメリカの水資源も豊富ではないことを押さえました。農業国といわれている中国・インド・オーストラリアでも，アメリカ同様，水不足が深刻化していることも説明しました。こうしたことを踏まえて，「このまま世界各地で水を使い続けるとどんなことが起こるかを予想してみよう」という質問をし，まずは自分で考えさせてから班で話し合わせ発表させました。その中で，「国が水を手に入れるために争い（戦争）が起こるかもしれない」という意見がいくつものクラスでありました。このことを受けて，「私たち一人ひとりに何ができるか」を同様に考えさせ，発表させました。

　そして，上記③の質問（p.117）を授業の事前事後に行った結果，「日本のことのように心配」という答えが事前の15％に対し，事後の65％と大きく増加しました。身近な食料から世界の水問題につながったと思います。

118 │ 第2章　国際理解と国際協力

## 4. おわりに

　今回の授業では「飲料水」「バーチャルウォーター」の二つを取り上げ，生徒に興味関心をもたせ活動的に学習をさせるような授業を展開しました。こうした身近な教材を使い，調べ学習，体験学習，グループ討議，発表，ランキングなどの授業方法を組み合わせることで，生徒の授業に取り組む姿勢や生徒の表情はとても生き生きしたものになりました。生徒の日常生活と結びついた教材を見つけ出し，教師の創意工夫次第では授業は変わると思います。

　なお，課題として，まだまだ教師の考える流れの中での生徒の活動であったと思います。工夫次第では，もっと生徒が主体的に取り組む授業が展開できると思います。

[参考文献]
・橋本淳司（2009）「明日の水は大丈夫？—バケツ1杯で考える「水」の授業」技術評論社
・コンビニ弁当探偵団，千葉保他（2005）「コンビニ弁当16万キロの旅—食べものが世界を変えている」（太郎次郎社エディタス）
・環境省「生活排水読本」
　https://www.env.go.jp/water/seikatsu/index.html（最終閲覧日：2019年7月18日）
・環境省「実は身近な世界の水問題」
　https://www.env.go.jp/water/virtual_water（最終閲覧日：2019年7月18日）
・日本ミネラルウォーター協会
　https://minekyo.net/（最終閲覧日：2019年7月18日）

（小西　薫）

## 都市問題

# 4 都心と郊外の様々な都市問題を身近な事例から考える
―地域の課題の発見と新たな提案

## 1. はじめに

　世界の人口は過半数が都市に住み，日本では特に都市圏に人口が集中しています。それにより，都市と農村には格差が生じ，特に農村地域の過疎化や高齢化は大きな話題として取り上げられます。生徒は，都市が「栄えている」から住みやすい，農村は「廃れている」から住みにくい，というような平易な言葉で地域を表現しようとしますが，都市においても様々な「都市問題」が生じていること，それは人口，産業，交通などあらゆる分野と複雑にかかわっていること，その状況は時代とともに変化することなどを理解し，その問題について主体的に考えさせることを目的とした授業を実践しました。

　日本では，高度経済成長期以降に都市人口が急増し，住宅不足，居住環境の悪化，通勤ラッシュの激化，大気汚染などの都市問題が発生したことが，教科書や資料集では扱われています。ここに，生徒の実態に合わせた事例を組み込み，問題をより想像しやすくする工夫をしました。まず，住宅開発に伴って都市が拡大し，「都心と郊外」が成立したことを確認します。そして，都心，郊外の順に授業を進めます。

## 2. 都市問題は都心と郊外で関係し合うことを理解する

### (1)「ドーナツ化」と「スプロール」を理解する

　ここでは主に，都心と郊外の人口の変化を示した地図を用いて「ドーナツ化」現象と「スプロール」現象を学習します。まず，高度経済成長期以降の大都市への人口の大量流入により，都心部では居住環境の悪化，地価の高騰などの都市問題が発生し，「ドーナツ化」現象が起こり，都心の人口が減少したことを確認します。それに伴い，郊外の人口が急増し，その過程で「スプロール」現象が発生したことを確認します。都心での人口の減少と，郊外での人口の急増とを関連づけることが大切です。

120 第2章 国際理解と国際協力

## (2) 地形図読図で「都心回帰」を理解する

　後に「ドーナツ化」による都心からの人口流出と郊外の人口急増の勢いが弱まり，現在では都心の人口が増加に転じ，郊外の人口増加よりも都心の人口増加の方が激しくなり，高度経済成長期以降の関係とは逆転していることに気づかせます（都心回帰）。その原因を考えさせますが，ここでは，都市への人口集中が「経済成長」と関係したものであったことを振り返り，経済状態や産業構造の変化と人口の移動には関連があることを確認します。すると，生徒は1990年代の前半に起こった経済的な変化について考えることができ，「バブル経済の崩壊」という答えを引き出すことができます。

　バブル経済の崩壊以降，都心の地価や不動産の価格が下落したということを踏まえ，経済状態の悪化と都心の人口増加の関係を導き出します。まず，都心回帰が顕著に見られる地域を明らかにするために，東京23区の人口増加を示した図（図1）を用います。地図は「MANDARA」を使用するときれいに作成することができます。この地図を見て，生徒は特に中央区，港区，江東区といった「沿岸部の埋立地」で人口増加が顕著であることに気づきます。

　そして，この地域の新旧の地形図を読図します。1:25,000地形図「東京南部」の臨海副都心周辺の四つの時代（①1966年，②1989年，③2006年，④2015年）の一部を印刷して配付します。この図面にある豊洲やお台場は生徒が遊び場としてよく訪れる場所でもあるため，挙手などにより訪問経験を問うことで，これから行う学習活動に，何気なく親近感を与えることができます。

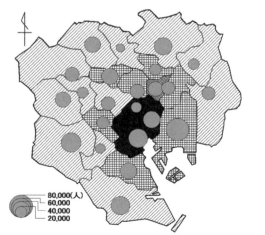

図1　都心回帰
背景の色は増加率，○の大きさは増加数を表す。
（国勢調査より著者作成）

地形図では，特に新橋駅周辺と豊洲周辺に着目するよう促します。少し時間を取ることができれば，各自でその変化をまとめさせ，時間がない場合や生徒の読図が進まない場合は，こちらでリードする形とし，この地域の土地利用の変化について読み取ります。地形図から読み取ることができる変化やその気づかせたい点については図2にまとめます。

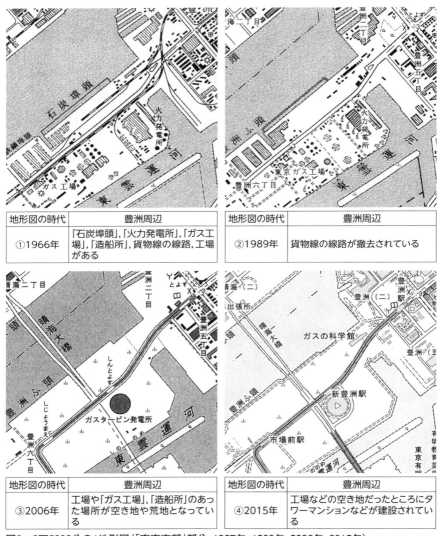

図2　2万5000分の1地形図（「東京南部」部分，1967年，1990年，2006年，2015年）

122　第2章　国際理解と国際協力

例えば、①の時代では「汐留貨物駅」があり、線路が「中央卸売市場」（築地市場）まで伸びていることや、豊洲周辺にも鉄道（貨物線）が存在することから、当時は鉄道貨物による食料品や工業製品などの輸送が行われ、現在では衰退しているということを理解することができます。築地市場が緩やかにカーブした形になっていることとの関連性にも気づくことができます。また、工業や交通の分野との関連をもたせる（復習する）こともできます。さらに、築地市場が豊洲に移転した話題を扱うことで、生徒にはより想像しやすくなります。授業当時刊行されていた「東京南部」の最新版が2015年であったために「豊洲市場」はまだありませんが、「市場前」という駅名から、その場所を確認することができますし、スマホを活用して最新の「地理院地図」を確認すれば、「市場前」駅付近に「中央卸売市場」があることを確認できます。この過程で教科書や資料集にある「工場跡地や鉄道用地の再開発」を具体的に学ぶことができ、生徒にとっても身近な地域であるために、授業と現実の社会とをリンクして想像させることもできるため、たいへん効果的であると考えられます。

　そして、工場や鉄道用地の跡地と人口増加とを結びつけなければなりません。人口増加の要因は、主に跡地へのタワーマンションなどの建設によるものですが、地形図にタワーマンションを示す記号はありません。タワーマンションは、上から見ると四角形に見えるため、その四角形を地形図上でマークすることで、タワーマンションが多数建設されていることを理解することができます。また、ここでは筆者が撮影した写真（写真1）や「地理院地図」、Googleなどの空中写真（3D写真）を活用することも効果的で、特にこの地形図の範囲であれば「ここ、行ったことある」などの生徒の一言を聞くことができます。また、地形図を用意することができない場合や、その他の地域の事例を扱いたい場合は「今昔マップ」を活用するとよいかもしれません。

写真1　中央区晴海・江東区豊洲周辺のタワーマンションなどの写真　　　（筆者撮影）

### (3) 都心と郊外の都市問題の共通性を見出す

　さらに、人口構成について、例えば江東区の年齢別人口構成のグラフを示し、親世代（30～40代）と子ども世代が転入や出生により増加したことを確認します。そして、小学校児童数の増加やそれに伴う小学校新設の必要性、通勤ラッシュの問題などという答えを引き出し、その後に関連する新聞記事などを示し

ます。人口増加や人口構成の偏りから生じる都市問題は、複雑に絡み合っているということに気づかせることができます。

そして、再開発による小学校問題などは、次回の授業でメインとなる郊外でも起こり得ることであることに気づかせ、話題に関連性をもたせます。新聞記事を用いるなどして、実際に生徒の生活圏である船橋市でも同様の問題が起こっていることを示し、その対応として小学校の通学区域が変更されていることとその効果について、児童数の変化を示したグラフから読み取らせます（図3）。このグラフでは、学年による児童数の違いがわかるため、住宅開発や通学区域変更の時期を確認しながら、その変化を読み取ることができます。5年間隔とすることで、2013年の1年生が2018年の6年生（同一コーホート）となるため、その変化の様子を捉えやすくなります。学校、学年ごとの児童数については、市のウェブサイトから直近の数年分のデータを入手することができます。

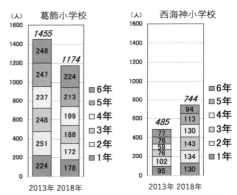

図3 通学区域の一部を変更して緩和しようとした例（葛飾小の通学区域の一部を西海神小に変更した）　　　　（船橋市の統計より著者作成）

## 3. 郊外の開発と都市問題を理解する
### (1) 郊外の開発過程を理解する

郊外では、高度経済成長期以降に住宅開発が急速に進み、人口が急増したことや「スプロール」が発生したことを前時までに学習しています。本時では、その都市への人口集中という都市問題の解決を目的に建設された郊外の住宅団地で今、どのような都市問題が起こっているのかを考えます。

まず、住宅不足に伴う住宅の大量供給の必要性に触れ、大都市近郊でニュータウンが建設されたことを確認します。すでに学習した地形や環境問題の学習において習得した「自然との共生」の視点を振り返り、活用します。『平成狸合戦ぽんぽこ』で開発された多摩ニュータウンや、そこを舞台とした『耳をすませば』の話題を出すと、イメージしやすくなるかもしれません。ここでも、新旧の地形図を用い、郊外の開発前と開発後の地形図を比較します。水田、畑、針葉樹林

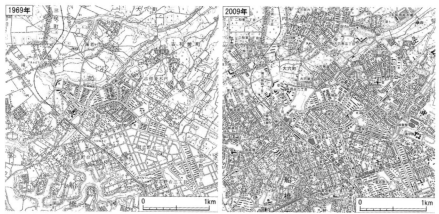

**図4　住宅団地の造成当初と現在の比較（2万5000分の1「習志野」）**

などの記号が目立ち，樹枝状の谷なども確認しやすいかつての様子が，開発によって主に住宅に変化していることを読み取ります。この際に，住宅を大量に供給するためには集合住宅団地が有効であったことを確認し，地形図でも，住宅団地が建設された後に，市街地が拡大していく様子を確認すると，その開発の過程を理解することができます（図4）。

(2) 現在の郊外における都市問題を理解する

　前時の都心の学習を生かし，住宅団地に入居した年齢層は親世代と子ども世代に偏っていたことを確認します。そして，それが住宅団地の造成・入居から40～50年が経過した現在，どうなっているかを問いかけます。入居時の親世代が高齢化し，子ども世代が独立（転出）した結果，親世代の高齢者のみが住宅団地に残っているという現状を導き出すことができます。そこから，高齢化した地域ではどのような問題が生じているのかを考察します。すでに人口問題の学習において，高齢化した地域の事例を学んでいるため，生徒からは「限界集落」や「まちおこし」などのキーワードが出てきます。ここでは，高齢化に伴う人口構成の変化，近所づきあいの希薄化，孤独死，老老介護，建物の老朽化などの問題が整理できるとよいでしょう。学校の周辺や生徒の生活圏には多くの住宅団地が存在するため，住宅団地の高齢化の現状を実感している生徒もいますが，多くの生徒は，授業で学習して知っているというくらいです。そこで，実際に学校周辺の住宅団地の高齢化の実態を表した人口構成のグラフを示すことで実感させると地域における身近な問題として認識することができます。町丁

別の人口構成については，総務省統計局や市町村の公式ウェブサイトから入手することができ，それをExcelでグラフ化するとよいです。また，高齢化を身近な問題として認識し，高齢化した地域でどのようなことをすれば，対応策や解決策になるのかを考えることで，当事者意識をもたせることができます。

## 4. 発表活動を通して「持続可能なコミュニティ」について考える
### (1) 理想のコミュニティ像について考え，発表する

前時で整理した住宅団地における問題点について，何班かに分かれて，高齢化しても「限界」とならない「持続可能なコミュニティ」づくりについてどのような取り組みをすべきかを考えるグループワークを行います（写真2）。次回の授業では班ごとに発表し，評価し合い，その考えを共有する機会を設けます（写真3）。そこでは，図書やウェブサイトを活用して，すでに行われている事例を参考にしても，すべて自分たちでオリジナルの案を考えてもよいこととします。

発表を経て，それぞれの班のアイディアや，全国各地での事例を知った後，次の授業では，身近な住宅団地におけるコミュニティ活動の実態について紹介することで，学習内容を深めます。身近な地域で実際に行われている事例を扱うことで，より身近な事柄に感じさせることができます。

写真2　班で活動する様子　　写真3　発表する様子　　（いずれも筆者撮影）

### (2) 都市問題とコミュニティ活動の関連性と現在の課題について理解する

発表活動や，様々な事例を学ぶ過程で，都市問題とコミュニティ活動の関連についても触れます。新旧の地形図の読図でわかった事柄（住宅団地の造成当初は周辺が農村地域であったこと）や，人口統計の読み取りで明らかになった事柄（親世代と子ども世代に偏っていたこと）を振り返り，それらの事実を踏まえて，コミュニティ活動の歴史についてまとめた表との関連性を読み解きます。例えば，造成当初は交通機関や保育所など生活基盤の整備に関する活動が

盛んであったこと，しだいに高齢者を意識した福祉活動や建物の老朽化に伴う建て替えに関する活動が増加していることと関連づけ，都市問題の解決のために，市民が声を上げ，コミュニティ活動が盛んに行われていたことに気づかせます。そして，コミュニティ活動が地域社会の形成に与える影響や，その大切さを理解させることもできます。コミュニティ活動が私たちのくらしの向上に大きな影響をもっていることを実感させることで，現実の地域社会での社会参画に向けた意識の向上につながることが期待できます。以下は，「持続可能なコミュニティ」について生徒が書いたものの一例です。

> 　私の考える「持続可能なコミュニティ」とは，より地域のかかわりが深く，高齢者でも生きがいをもって生活のできるものだと思います。そのためには地域住民が集まり，その地域での問題点やその解決方法について話し合いをすることが大事だと考えます。話し合いの場を定期的に設けることによって，老朽化や地域全体の高齢化などの対策について住民の意見を取り入れられるとともに，人の小さな変化(体調の面など)についても気づくことができるため，メリットが多いと思うので，地域のかかわりがより深いものになると思います。

## 5．まとめ

　以上の授業は，都市問題を身近な事例から捉えることを通して，問題を現実的に理解することを目的として実施しました。また，生徒が主体的に活動できるよう，班での活動や発表活動も取り入れました。教科書や資料集に書かれている内容を日常生活のものと結びつけて考えることは，当たり前のことかもしれませんが，具体的な事例がないと，生徒はイメージしづらいものと思われます。そこで，生徒の生活圏の実態に合わせた事例を扱うことで興味を引き，同様の問題が日本や世界の各地でも起きているということにつなげられれば，物事を学際的・俯瞰的な視点で考察するという地理学の特性を生かした，地理的な見方・考え方の育成につながるのではないでしょうか。

[参考文献]
・原武史（2012）『団地の空間政治学』NHK出版
・平岡昭利（2017）『読みたくなる「地図」東日本編—日本の都市はどう変わったか』海青社

（上野剛史）

**民族問題**

# 5 民族問題を授業でどのように扱うか
―民族問題の原因と共生に向けた取り組みを授業で考える

## 1. はじめに ―民族とは何か―

　今世界では，至る所で数多くの「民族問題」が起こっており，世界情勢を理解するためには民族問題を避けて通ることはできません。それだけに高校の授業で民族問題を取り上げることは，生徒に「社会常識」を身につけてもらうためにも必須項目といえるでしょう。

　さて，日本には民族問題はないと思う人もいるかもしれませんが，外国人労働者をめぐる問題や，在日の韓国や北朝鮮の人たちとの問題，アイヌの人たちの権利の問題も民族問題といえます。それではそもそも民族とはいったい何でしょうか。まずは民族について考えましょう。

　民族については，今までも多くの研究者による定義がなされていますが，次のような解釈が一般的ではないでしょうか。それは，「民族とは，少なくとも，人間から構成される共同体である。民族とよく似た共同体として，国民がある。（中略）民族が同一の文化に基づいて形成される文化的共同体であるのに対して，国民は同一の政治体の下にある政治的共同体である」（月村，2013）。月村は，イギリスの社会学者，アンソニー＝スミスの考え方をもとにしていますが，スミスは，理想型としてのエトニ（民族）を構成する属性は，(1)固有の名称，(2)祖先などに関する共通の神話，(3)共有された記憶，(4)独自の文化，(5)故郷とのつながり，(6)何らかの（エリート間の）連帯，という6点であるとしています。

　また，民族には二つの考え方があります。一つは「原初主義」で，民族とか国家には，その原初に何かしらの実体的な源があるという考え方です。宗教や経済生活，文化的共通性など，「動かざるもの」を共有するのが民族だ，という考え方です。

　もう一つは「道具主義」で，「民族というものはつくられたものだ」という考え方です。何のために誰が「民族」をつくったかというと，国家のエリート，支配層が，統治目的のために支配の道具として，民族意識，ナショナリズムを利用

128　第2章　国際理解と国際協力

したという考え方です。ただ，注意しなければならないのは，「民族」という概念は，どんなに過去に戻っても18世紀の半ばよりも前に遡（さかのぼ）ることはできないということです。1789年のフランス革命以降に流行になった現象というのが共通に認められている認識です（佐藤，2017）。

## 2. 民族問題の類型

### (1)民族問題とは

では，次に民族問題について考えましょう。各民族が自らの運命を自らで決めたいという気持ちが「民族自決」になりますが，民族自決は程度により自治から独立，主権領土の回復から拡張まであります。それが紛争を起こし，国際的緊張を高め，民族問題が起こる原因となります。そして民族問題が起こる理由としては，次のような五つのタイプがあげられます。一つ目は，自治や独立を達成して集権国家をつくろうとする「民族自決・分離独立問題」。中国のチベットやシンチヤン（新疆）ウイグル自治区，カナダのケベックの分離独立，最近では西アジアのクルド人などがこれにあたります。二つ目は，境界区分の見直しを求める「国境・帰属変更問題」。近年ではクリミア半島や東ウクライナをめぐるウクライナとロシアの争いなどがこれにあたります。三つ目は，主権国家の中で「国民」としての権利を無視された民族が不満を募らせる「少数民族問題」や「先住民問題」。オーストラリアのアボリジナル・ピープル，アメリカの先住民，日本のアイヌ民族などがこれにあたります。四つ目は，独立しても「国民」になる中心の民族がいないために，対立を繰り返して多数の集団が公権力の掌握をめぐって争う「国民形成問題」または「国民統合問題」。ボスニア＝ヘルツェゴビナのムスリム人，クロアチア人，セルビア人は，人口や力関係が拮抗しているために内戦が起こったといえます。五つ目は，移民や難民が引き起こす外国人労働者問題（山内，1996）。まさに今ヨーロッパで起こっていることはこれにあてはまります。

このような民族が，ある国家の領内に単一の民族しか居住していない（単一）民族国家であれば，民族問題や武力紛争は起きにくいのですが，現在主権国家のうちで一定以上の領域をもっている国家のほとんどは，領内に複数の民族が存在する多民族国家です。しかし，多民族国家であればすべて民族問題が起きるわけではありません。多民族以外にも問題が発生する要因があり，その代表的なものが民族の居住分布，民主化，貧困，歴史・宗教です。

## (2) 居住分布
### ①集住

　居住分布は，各民族が国内の特定の領域にまとまって住んでいる集住，ある程度はまとまっているが部分的に混ざり合っている混住，国内全域で混ざり合っている散住に分けられます。集住の場合，ある民族が自分たちの居住領域を拡大したいと望まない限りは，他民族との紛争は起こりません。スイスは，ドイツ語圏，フランス語圏，イタリア語圏，ロマンシュ語圏が比較的はっきりと分かれており，それぞれの言語地域をもとに連邦制をとっていて，比較的民族間の争いが少ないといわれますが，この例といえるでしょう。ところが，ベルギーは，オランダ系フラマン人が人口の約58％，フランス系ワロン人が人口の約32％を占め，その他ドイツ語を話すグループもいて，居住地域がはっきり分かれています。それをもとに立憲君主国ながらオランダ語・フランス語・ドイツ語の3言語共同体とフランデレン（フラマン）・ワロン・ブリュッセルの3地域政府の6共同体による連邦制をとっているにもかかわらず，フラマン人とワロン人の対立が続いています。

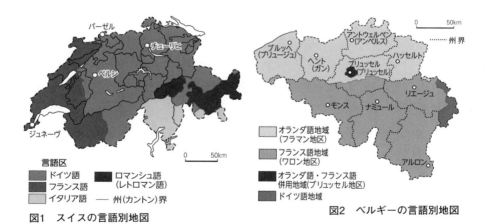

図1　スイスの言語別地図　　　　　　　　　　　図2　ベルギーの言語別地図

表1　スイスの主な言語別人口・割合（2018年）

| 主な言語 | 人口(千人) | ％ |
|---|---|---|
| ドイツ | 5397 | 64.1 |
| フランス | 1911 | 22.7 |
| イタリア | 707 | 8.4 |
| ロマンシュ | 210 | 2.5 |

（スイス政府観光局HPより作成）

②混住

　混住は，最も民族紛争が起きやすいといえます。中でも複数の民族の生活範囲が近く，人口密度も同規模となると，場所をめぐる激しい紛争が起きやすくなります。また，国境線が自然の地形や古くからの民族居住地域と関係なく引かれると，民族が集住していたとしても，国境線がその民族居住地域の中を通るため，国境をまたがって民族が居住することになって，一部が隣接する民族と国家を形成することになります。その結果，民族紛争が起こることもあります。英仏がアフリカを植民地化した時に，意図的に英仏の植民地の境界線を民族の境界とずらして引いた結果，植民地内に異なる民族が入って対立が起きるという，細分割統治を行った例もあります。そうすると，植民地から独立する時には，英仏が引いた境界線で独立しますので，民族の分割がそのまま独立後も継続してしまいます。ギニア湾岸地域をはじめ，アフリカ各地や西アジアで民族紛争が絶えないのは，これも原因の一つです。

　その他，民族が散在している場合は，各民族間の大規模で継続的な接触が難しく，民族紛争は起きにくいとされてきましたが，現在のアメリカなどでは，ヨーロッパ系の古くからの住民とヒスパニック（ラティーノ）系の新住民との争いが起きています。また，居住パターンだけでなく，政治的な要因や経済的な要因が起こると，問題は起きやすくなります。


## 3. 民族問題を取り扱った授業例

　では，実際の授業で民族問題を扱った例を紹介します。まずは授業の最初に基本的な事項の説明をし，その後5〜6名のグループをつくって，話し合いをさせて意見を発表させています。

### (1)パレスチナ問題 　―民族対立を考える―

　パレスチナ問題は，前述の山内の民族問題の分類では，一つ目の「民族自決・分離独立問題」にあてはまりますが，現在世界が抱える最大の民族問題がこれだといっても過言ではないでしょう。それだけにこの問題は，地理の授業では必ず取り扱うべき事項だといえます。

　授業では，まず生徒にパレスチナ問題の概要を調べさせたり，講義形式で基本的な内容を学びます。次に5〜6名のグループに分け，次のような問題を考えさせます。

```
パレスチナ問題
Ⅰ．背景
 (1)(₁          )人：ユダヤ教を信仰している人
           正確にはイスラエルでユダヤ教を信仰していると認められた人
           (ただし現在はユダヤ教を信仰しない人も存在する)
    第2次世界大戦前、(₂          )によってユダヤ人の大量虐殺が行われた
    →ヨーロッパ全体で600万人(推定)→このため、第2次世界大戦後 ユダヤ人に独自の国家を
    建設したいという要望が生まれる
 (2)「シオンの丘(エルサレムの一角)に帰ろう」＝(₃          )運動
  ⇒ユダヤ人は、(₄          )を中心としたパレスチナに国をつくろうとした
    (₄          )：ユダヤ教・キリスト教・イスラム教の聖地
     〔紀元前にユダヤ人によって国家をがつくられていた場所〕
  ⇒イギリスの三枚舌外交…(₅          )、(₆          )、
    (₇          )を出し矛盾が生じる
 (3)第2次世界大戦直後のエルサレム：イギリスの統治下
  ⇒ヨーロッパなどからユダヤ人が流れ込む。 アラブ人、イギリスとの対立
  ⇒イギリス：エルサレムからの撤退論が強くなる。さらに三枚舌外交の矛盾を解決できず、
        結局国際連合に解決をゆだねる
Ⅱ．国際連合総会：「パレスチナ分割」を決定(1947年11月)
    「ユダヤ国家」：パレスチナの56%、「アラブ国家」：パレスチナの43%
    エルサレム：国際管理地(どちらにも聖地なので、どちらの領土ともしない)
Ⅲ．(₈          )建国(1948年5月)←(₉          )の後押し
    アラブ連合(エジプト・シリア・ヨルダン・レバノン・イラク)：イスラエルの独立を認めない立場
Ⅳ．第1次中東戦争(1948-49)：イスラエル建国の翌日に攻撃
 (1)1949年1月 イスラエルの圧勝⇒停戦
    イスラエル：パレスチナの77%を領有
    エルサレム：分割支配(東エルサレム＝聖地の旧市街：ヨルダン、西エルサレム：イスラエル)
 (2)軍事境界線(アラブ諸国はイスラエルを認めないため、国境ではない)の決定：事実上の国境
Ⅴ．第2次中東戦争〔スエズ動乱〕(1956)
Ⅵ．第3次中東戦争(1967)
    イスラエル：先制攻撃⇒6日間でイスラエルが勝利(パレスチナを100%領有)
Ⅶ．第4次中東戦争(1973)
    エジプト・シリアの奇襲攻撃：エルサレム奪回を目的。 イスラエル：当初は苦戦⇒反撃
 (1)(₁₀          )難民：中東戦争の結果パレスチナから逃げ出したアラブ人
    →230万人のアラブ人がパレスチナから周辺諸国に
 (2)(₁₁          )〔パレスチナ解放機構〕：1964年に設立
    →アラブ人がイスラエルから土地を奪い返すことを目的に設立
Ⅷ．オスロ合意(1993)……パレスチナ暫定自治協定
 (1)イスラエル：ヨルダン川西岸・ガザ地区から順次撤退⇒パレスチナ人の自治を認め、
    パレスチナ自治政府誕生
 (2)パレスチナ自治政府(パレスチナの約10%)⇒パレスチナ人(パレスチナに住むアラブ人)の政府
    ⇒外国からの資金援助
```

**図3 パレスチナ問題の授業のプリント1**

Q．パレスチナ問題を終わらせるためには，どうすればよいか，みんなで話し合ってみよう。

　これについて各班から出てきた意見は，次のようなものが代表的でした。

**「最初の国連パレスチナ分割案に戻す。」**

　この意見については，そもそも国連案が，パレスチナ地域の分割比率が対等

Ⅸ．イスラエルとパレスチナ自治政府の対立

・1995 年　イスラエルの（₁₂　　　　　　）首相暗殺⇒パレスチナとの妥協に対して過激派が暗殺
・2000 年　後を継いだシャロン首相は、右派（強硬派）で、パレスチナに対して敵対を示す
　⇒パレスチナ和平から遠のく。
・パレスチナ自治政府（パレスチナ人）側も、ファタハ（主流派、穏健派）とハマス（少数派、過激派）
　で対立
・シャロン政権を継いだ右派（強硬派）のネタニヤフ首相の政権は、占領地でのユダヤ人入植を進める
・これに対し各国が非難するが、アメリカがイスラエル寄りの政策をとるため、効力なし

**Q1.　アメリカはなぜイスラエル寄りの政策をとるのか？みんなで話し合ってみよう。**

_____

_____

_____

**Q2.　パレスチナ問題を終わらせるためには、どうすればよいか？みんなで話し合ってみよう。**

_____

_____

_____

◆パレスチナ周辺図

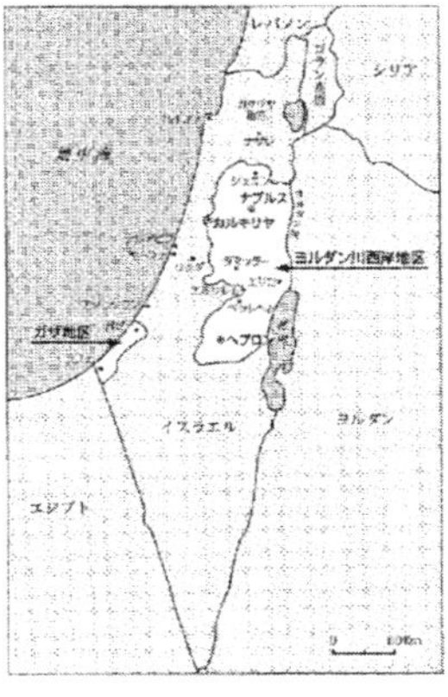

図4　パレスチナ問題の授業プリント２

ではなかったため，占有比率を50：50とするという意見も出されました。

**「アメリカがイスラエル寄りの政策をとるのを見直す。」**

　このような意見が出た時に，「では，なぜアメリカはイスラエル寄りの政策を
とるのか？」とさらに質問します。すると「アメリカでは，ユダヤ人の影響力が
強いから」と答える生徒がいました。具体的によく知られているユダヤ系の人物

の名前をあげる生徒もおり，そのようなことを通して，周囲の生徒も理解を深めていくことになりました。

　さらに，制度的なことだけでなく，人々の気持ちを考えてみようと促したところ，「教育を通して，お互いを理解し合う」，「お互いを理解すると，お互いを尊重しようとする気持ちが生まれる」という意見が出てきました。このような意見が出てきたということは，単なるユダヤ人とパレスチナ人の対立というところで生徒の考察が終わるのではなく，民族対立を普遍化して考えることができたということになるのではないでしょうか。民族問題は，もちろん自民族の優先，お互いの無理解，不寛容という単純な問題ではありませんが，生徒たちが自身には直接は関係ない他民族の問題を深く考え理解するということは，中学生や高校生たちができることとしては，最大限の行為となるでしょうし，また，実際そのことによって将来多くの民族問題の解決につながっていくと考えられます。

## (2)インドのカースト制度　―身分差別を考える―

　インドのカースト制度は，国家同士の民族対立ではありませんが，国内の民族問題として多くの民族，宗教そして身分差別も巻き込んだ重要な問題であり，身分差別について考える貴重な機会となります。身分差別を考えることは，民族対立を考えることにもつながります。

　授業では，まずはカースト制度の概要について授業で基本的な内容を学び，その後5〜6人のグループで次のような課題を話し合わせ，発表させます。

## Q．カースト制度のような身分・階級制度というのは，なぜできるのだろうか。みんなで考えよう。

　各グループから出てきた意見は，次のようなものが代表的でした。
「身分制度があると，統治する側が統治しやすくなるため」
「すでに，様々な権利をもっている人々が，その権利を守るため」
「自分より下の身分で困っている人たちがいると，自分はまだましだと安心するため」

　また，何人かの生徒は身分制度と聞いて日本の江戸時代を想起したそうです。つまり，カースト制度という身分制度があることを知り，それをインド固有の制度と考えるのではなく，考察の範囲を広げ，普遍化して考えることができたということになります。このような意見を聞くことによって，そこまで考えなかった生徒たちも，身分制度や身分差別というものがインドだけのものではな

く，また，日本だけのものではないことに思い至り，身分制度ができた原因は様々でも，身分制度やそれに伴う身分差別は，どこにでも起こり得るものだということを理解します。

さらに，現在身分制度や身分差別は存在するだろうかと問いかけていくと，ヨーロッパに押し寄せる難民のことを答える生徒もいました。難民の人たちが置かれている状況は，基本的人権を認められていないので差別を受けているのと同じであるという考えで，これは，ヨーロッパ系の人々と，難民としてヨーロッパへやってきたアジア系やアフリカ系の人々の民族問題であると考えたのです。前述のパレスチナ問題もそうですが，生徒から出た意見に対し，タイミングよく質問を重ねていくことで，生徒の考察の範囲を広げまたは深化させ，普遍的な考え方ができるようになります。それが教員の役目だと思います。

## 4．おわりに

以上，授業で行った民族問題の例を紹介しました。民族問題を考えることを通して，民族問題をその地域特有の問題としてではなく，普遍化して考えられるようになることが重要だと思います。その際に，現在授業への導入が進められている「主体的・対話的で深い学び」は効果的だと思います。一人で深く考えてみることも必要ですが，生徒たちがそれぞれ考えを出し合うことにより，自分以外の人の考えを聞いて，考えを広げることができます。そして，出された様々な意見をまとめる行為も，生徒にとっては貴重な経験となったようです。もちろん，今までの授業の形態であっても，意識的に生徒に質問を投げ掛けて考えさせることもできます。ただそうすると，特定の生徒ばかりが答えたり，指名するとすぐに「わかりません」と答えることが多いということもあります。それが，5〜6人ぐらいのグループの中で意見を述べさせると，生徒同士の距離感が近いこともあり，日常会話のような感覚で発言でき，普段はあまり積極的に発言しない生徒も発言するようになるという面もあります。生徒同士で話し合うことは，非常に有効であると感じました。

［参考文献］
・山内昌之（1996）『民族問題』中公新書
・月村太郎（2013）『民族紛争』岩波新書
・佐藤優（2017）『佐藤優の集中講義　民族問題』文春新書

（宮嶋祐一）

**領土問題**

# 6　日本の領土をめぐる情勢について考える
―討論会「日露首脳会談」で北方領土問題を解決してみよう

## 1.　はじめに

　領土問題は，自国の利権が絡んでいるものが多いことから，世界各地で問題になっています。島国である日本も，領土問題を抱えています。そこで，日本の領土問題について，三つの授業を紹介します。

　一つ目は，「日本の領域と領土をめぐる情勢」です。この単元では，日本の領域と日本が抱える領土問題について学習します。日本の領域について，面積などの数値を見ながら確認していきます。領土問題は，日本のどの領土をめぐる問題なのかを確認します。

　二つ目は，「北方領土問題の現状」です。この単元では，北方領土は日本固有の領土といわれながら，ロシアが実効支配している理由を学習していきます。両国の主張の根拠は何かを，確実に押さえていきます。

　三つ目は，「北方領土問題を考える」です。前時で確認した「北方領土問題の現状」を踏まえて，生徒自身による首脳会談形式の討論会を行います。このようなアクティブ・ラーニングを展開して，自分たちなりの解決策を考えてもらいます。討論を取り入れた授業は難しいと思われがちですが，事前に準備していれば，生徒たちで自発的に取り組むことができます。

## 2.　日本の領域と領土をめぐる情勢

　生徒に「領土問題とは何ですか」と質問してみました。「領土が曖昧な場所で，いろいろな国が領土を争うこと」や「自国の土地なのに，他国が「自分の土地だ！」と言い張っている。このような国同士の土地の取り合い」と答える生徒がいました。なぜ，ある領土をめぐって複数の国が争っているのでしょうか。領土問題は世界の各地で見られますが，授業では日本の領土問題に注目していきます。本時のねらいは，地図などを活用して，日本の領域と領土をめぐる情勢について確認していきます。

136　第2章　国際理解と国際協力

はじめに，日本の領域を面積などの数値を確認しながら進めていきます。日本の面積は約37.8万km²です。この数値は，必ず確認するようにします。生徒に「2018年現在，世界では197カ国ありますが，日本は何番目の広さでしょうか」と発問します。すると，100番目以降の番号を言う生徒が多かったです。「正解は，世界第61位（2018年度）です」と発表すると，少し驚く様子が見られました。日本の面積37.8万km²は，世界的に見て比較的広いといえそうです。続いて，日本の領域と排他的経済水域の面積を確認します。この数値は約447万km²で，なんと世界第6位の広さです。「日本の領海等概念図（図1）」を見ながら，日本の領域はとても広いことを意識させるとよいでしょう。日本の領域を確認した後，南端・北端・東端・西端の各島も確認していきます。

　次に，日本の領土をめぐる情勢を紹介します。図1を見ながら，問題になっている島の場所を確認します。日本の領域はとても広いので，複数の領土問題を

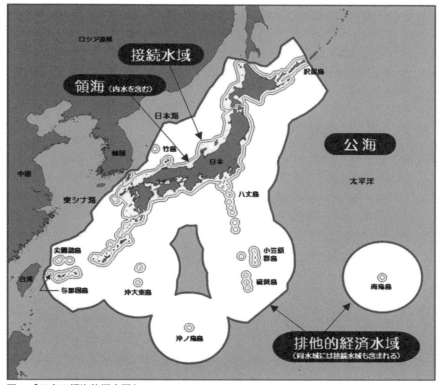

図1　「日本の領海等概念図」　　　　　　　　　　　　　　　　　　　　　　（海上保安庁HPより）

抱えています。最初に北方領土を確認した後,「北方領土はどの国と問題になっていますか?」などと発問します。すると,「ロシアと争っています」「元々は日本の領土だけどロシアが支配している」などと答えてきます。竹島問題も同様に,生徒に答えてもらいながら説明していきます。最後に,尖閣諸島について説明します。「なぜ,尖閣諸島は中国と台湾が領土を主張しているのですか」と発問して,2～3分程度のペア学習を取り入れて確認して発表してもらいます。話し合いの後,生徒から「漁業の権利をめぐって争っている」などと答えてきました。なかなか海底油田の発見にたどりつけないこともあります。この時は,「尖閣諸島付近である資源が発見されたので,中国が領有権を主張しています。この資源とは何か」と発問すると,生徒から「原油」が出てきます。最近の中国の経済発展に触れて,背景に化石燃料の消費量が増加していることを説明しておきます。ここでは「竹島問題(または北方領土問題・尖閣諸島)について知っていることを答えよう」と発問して,生徒が答えた内容を確認しながら日本の領土をめぐる情勢を整理することもできます。

最後に,板書を活用して三つの領土をめぐる情勢をまとめます(図2)。

<日本の領域と領土をめぐる情勢>

①日本の領域　　　→　面積：約37.8万㎢ **(世界第61位)**

　　　　　　　　　　領海十EEZ: 約447万㎢ **(世界第6位)**

②領土をめぐる情勢→　**北方領土問題** → ⑪と⑲：北方四島の帰属問題

　　　　　　　　　　**竹島問題** → ⑪と㈹：現在,韓国が一方的に駐留

　　　　　　　　　　**尖閣諸島** → ⑪と㈱による一方的な主張：海底油田の発見

　　　　　　　　　　**「尖閣諸島における日本の見解」**

　　　　　　　　　　　　**国際法上我が国の領土であり,領有権問題は存在しない**

図2　「**日本の領域と領土をめぐる情勢**」板書例

## 3. 北方領土問題の現状

　生徒に日本が抱える領土問題でもっとも関心があるものを聞いてみたら,「北方領土問題」が圧倒的に多かったです。第二次世界大戦後,北方領土はロシアの実効支配が続いています。北方領土は日本固有の領土といわれていますが，なぜロシア人が住んでいるのでしょうか。そこで，本時のねらいは「北方領土問題」の経緯を見ながら，日本とロシア両国の主張を確認していきます。

　まず，北方領土の位置と周辺の島々を確認します（図3）。北方四島の名称は確実に押さえる必要があります。また，千島列島と樺太なども確認しておくと，後の学習につながっていきます。ここでは教科書や資料集などを活用して，おおまかな歴史に触れていきます。詳しく学ぶ必要はありませんが,1945年の「旧ソ連の対日参戦による千島列島への侵攻と占領」,1951年の「サンフランシスコ平和条約」,1956年の「日ソ共同宣言」は，後の討論会で大切な根拠となるため

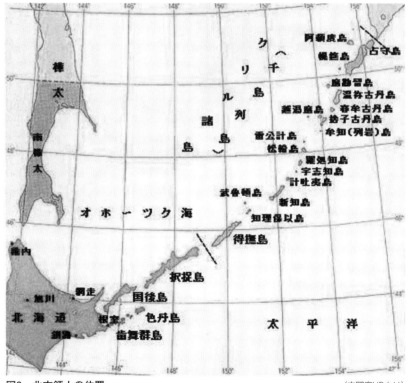

図3　北方領土の位置　　　　　　　　　　　　　　　　　　　　　　（内閣府HPより）

```
＜北方領土の現状＞
  ①第二次世界大戦終結後，ロシアによる実行支配が続く
  ②1956年，日ソ共同宣言 → 歯舞群島・色丹島の二島を日本に引き渡す
                        ※冷戦の影響により実現せず
  ③2010年，メドベージェフ大統領による国後島訪問 → 実行支配強化
  ④両者の主張
    ┌─────────────────────┐    ┌─────────────────────┐
    │ ＜日本＞             │    │ ＜ロシア(旧ソ連)＞   │
    │ 1951年「サンフランシスコ平和条約」│  │ 1945年「ヤルタ協定」(秘密協定)│
    │ (千島列島と南樺太を放棄) │    │ (南樺太と隣接するすべての島を⑦に返還) │
    └─────────────────────┘    └─────────────────────┘
```

図4　「北方領土の現状」板書例

しっかり確認するようにします。

　次に，両国の主張を見ていきます。はじめに日本の主張を確認します。日本の領有の根拠は，「サンフランシスコ平和条約」です。この条約で日本は千島列島と南樺太を放棄しましたが，放棄した千島列島に北方四島は含まれていませんでした。旧ソ連は，この調印を拒否しています。続いてロシアの根拠を確認していきます。生徒に「1945年に，旧ソ連が日ソ中立条約を無視して日本を攻撃した根拠となった協定は何ですか」と発問します。そうすると，クラスの中に一人は歴史に詳しい生徒が必ずいます。その生徒は笑顔で「ヤルタ協定」と答えてくれます。ヤルタ協定は，米・英・ソ三カ国間による秘密協定です。この協定には，樺太の南部およびこれに隣接するすべての島は旧ソ連に返還すること，および千島列島は旧ソ連に引き渡すことが書かれていました。しかし，日本は「ヤルタ協定」に参加していません。これらの両国の立場の相違が，現在の北方領土問題につながっていることを確実に押さえる必要があります。

　最後に，板書を活用して北方領土の現状をまとめます（図4）。次の授業では，生徒に日本とロシアの代表団を結成してもらい，日露首脳会談を討論形式で開催していきます。


## 4．討論会「北方領土問題を考える」

　前時の授業において，「北方領土問題」について学習してきました。本時のねらいは，生徒自身が日本とロシア両国の立場になり，議長を介して北方領土問題の討論を通じて，自分たちなりの解決策を考えていきます。

まず，生徒を「①日本代表団」「②ロシア代表団」「③議長」の三つにグループ
を分けます。グループの人数は，各国代表団が4人程度，議長は2人程度がちょ
うどよいです。各グループに分かれたら，グループごとに作戦会議を開いても
らいました。時間は15分程度とります。事前に，既存の学習事項や生徒自身が
調べてきた内容を参考にして，ワークシート(図5)に両国の主張と妥協点を検討
してもらいました。特に，交渉のポイントとして，以下の三つの事項を生徒に
徹底させました。それは，「相手国との関係性を築くこと」「自分たちの提案を押
しつけないこと」「勝つ国があれば負ける国もある」です。議長は両国の主張を
引き出し，友好的な関係性を築くために舵をとるため非常に難しい役です。生
徒の議長が厳しい場合，教員自ら議長役になるのも一つの方法です。

　次に，討論に移ります。日本代表団席とロシア代表団席を向かい合わせにし
て，議長席を設けます。場を設定したら，議長のイニシアチブで討論を始めま
す。まず，日本代表団の主張です。日本側は「四島返還」を主張しました。根拠
は，サンフランシスコ平和条約により放棄した領土に北方四島は含まれていな
いからです。一方，ロシア代表団は「四島はロシア領である」ことを主張しまし
た。根拠は，ヤルタ協定によって四島は旧ソ連の領土であるからです。また，「す
でに北方四島には多くのロシア人が住んでいます。今後，北方四島に住む日本
人はいますか」と言いました。これに対して日本側は，「これから，ロシア人と共
存したい」と言いました。ロシア側は「文化が異なるので共存は難しい」と反論し
ました。日本側も「多民族共存は可能です」と反論しました。また，ロシア側は，
「北方四島にアメリカ軍基地を建設する可能性がある」と，北方四島が日本領に
なることを警戒しました。このままでは，自国の提案を押しつけるだけで両国
の関係性を築くことできません。ここで，議長の腕のみせ所です。両国の妥協
点を引き出していきます。生徒の議長役がうまくいかない場合，教員が介入す
ると討論が建設的に運ぶようになります。

　ロシア側から「国後島・色丹島・歯舞群島は内地雑居のような場所にする。択
捉島はロシア領であることを認めてもらいたい」と，妥協案が提示されました。
日本側も「択捉島以外の三島返還を要求する。北方領土にアメリカ軍基地を建
設しない」と妥協案を提示しました。ここで一つ問題点が出てきました。両国
の妥協案を採用すると，択捉島は完全にロシア領になります。そうすると，日
本の排他的経済水域が縮小し，新たな問題が生じてきます。そこで，日本側は
「ロシアと漁業協定を結んで調整したい」と言いました。しかし，ロシア側は強

☆　地理研究ワークシート　　～北方領土問題を解決しよう～

1．両国のポイントを整理しよう

「日本の主張」

「ロシアの主張」

「妥協点（落とし所）」

2．議長（仲介者）を交えて話し合おう

　　＜交渉のポイント＞
　　　・相手国との関係性を築くこと
　　　・自分たちの提案を押しつけないこと
　　　・勝つ国があれば負ける国もある

3．日露両国のためにどうしたらよいか

　　　　　　　　3年（　　）組（　　）番　氏　名（　　　　　　　　　　）

図5　「北方領土問題を解決しよう」ワークシート

気な姿勢を崩しませんでした。日本側は厳しい状況になってきました。日本側は，択捉島が完全にロシア領になることを渋り始めました。その後，日本側は「四島を内地雑居にする。ここに経済特区などを建設し，積極的に日本企業を誘致する」と提案しました。両国で活発な議論が交わされましたが，自分たちなりの解決策を出す時間になりました。現時点での解決策は，「四島を内地雑居する」ことになりました。今後は友好関係を築きながら法整備を進めていくことにしました。最後は，お互い握手をして終わりにしました。

## 5．おわりに

　ここで紹介した最後の授業は，日本の領土問題を自分たちで解決策を見つける討論形式で実施してみました。今回は「北方領土問題」を扱いましたが，事前に生徒にアンケートを実施して決定しました。討論を活発にするために，2回目の授業で「北方領土問題の現状」で詳しく学習しました。討論の授業をする場合，生徒の気質を十分に考慮してから行うことが大切です。討論の準備が不足していると感じたならば，もう1時間生徒に準備する時間を確保するなど，生徒の状況を考慮して調節してください。

　討論会を終えて，生徒の感想の中に，「気心が知れている私たちでも結論を出すことができないのだから，全然お互いを知らなくて，国を背負っている人たちの議論がまとまらないのは当然だと改めて感じました」とありました。北方領土問題に限らず，領土問題は解決が困難であることを実感したようです。

　内容を確認する場合，積極的にペア学習やグループ学習を取り入れるといいでしょう。生徒たちが教え合うことで，理解も深まります。

### ［参考文献］
・孫崎亨（2011）「日本の国境問題－尖閣・竹島・北方領土」ちくま新書
・保阪正康・東郷和彦（2012）「日本の領土問題－北方四島，竹島，尖閣諸島」角川oneテーマ21
・和田春樹（2012）「領土問題をどう解決するか－対立から対話へ」平凡社新書
・埼玉県教育委員会（2016）「日本の領土や領海について学ぼう！」

（萩原利幸）

**南北問題**

# 7 「貿易ゲーム」によって先進国と途上国間の格差を理解させる

―南北問題を他人事にさせない授業

## 1. 「南北問題」は世界地理を教えるうえで重要な基本概念

一般的に「南北問題」とは,「北半球に多く存在する先進資本主義国と南半球に多く存在する発展途上国との経済格差とその是正をめぐる様々な問題」と説明されています。中学校での日本地誌学習を踏まえて,世界の国々を多く扱う高校地理教育において「南北問題」は「系統地理」および「世界地誌」学習を行ううえで,教員が理解しておくべき極めて重要な概念です。

G7やOECDなどの先進国のみの国際組織がある一方で,ほぼ全世界の国々を対象とした国際組織である国際連合やその機関,温暖化防止条約や各種環境保護条約の会議では必ずといっていいほど議論の中で「先進国と発展途上国との対立」が起こっているといえます。その背景には,かつての宗主国であった現在の先進国が発展途上国を植民地支配し,収奪した富を用いて発展していったことに対する途上国の側からの反感・反発があります。

これらの理解抜きに「世界」を授業で語ってもそこには問題の本質はごくわずかしか含まれていないということになってしまいます。

「諸課題」における人口問題,食料問題の学習や「国際理解」におけるアフリカ,南アジア,西アジアなど発展途上国の多い地域の学習においてもその説明・理解のベースには「南北問題」の理解がなければ生徒の真の理解には至らないと考えられます。

## 2. 教科書ではどこに登場し,どのように扱うべきか(歴史学習との接点をさぐりながら)

現行学習指導要領に基づいて編纂されている『新編 詳解地理B 改訂版』(二宮書店)によると,直接,用語として「南北問題」が登場するのは,「第Ⅱ編」「第2章」「第4節」「3 世界の貿易」においてです。

ここでは「工業製品の輸出によって貿易が盛んになった先進国と,原料・燃料や食料品などの一次産品を輸出するモノカルチャー経済(単一経済)の発展途上

144 第2章 国際理解と国際協力

国との間に南北問題が生まれた」と記述されています。さらに，南北問題には注釈がつき，欄外で実は発展途上国間でもさらに産油国や非産油国との間などに経済格差が見られ，これを「南南問題」と呼ぶという説明がついています。

　用語としての「南北問題」はこのように貿易問題のところで登場していますが，この問題はもっと多くのところに関連しています。例えば，引用した教科書の本文を説明しようとすれば，「モノカルチャー経済が南北問題の原因の一つといったことにもなるが，途上国の多くが現在もモノカルチャー経済の状態にあるのは，植民地時代に宗主国にそのような経済構造にさせられたからであり，それから脱しきれないからである。一般的に一次産品の価格は工業製品に比べて安く，市場価格も需要と供給の関係などで年度によって不安定である。このことが，貿易上先進国に有利に，発展途上国に不利に働いており，経済格差をますます拡大させる原因の一つとなっている。この解決策の一つとして『フェアトレード』という概念が出されており，町なかではこのような商品を扱うショップも見かけられるようになっている。皆さんも目にしたことがありますか？」などと問いかける形の授業展開が一般的でしょう。

　しかし，これだけでは不十分でしょう。上記の説明の中で出てくるモノカルチャー経済の形成過程を説明しなければ本質的な説明にはなりません。つまり，発展途上地域における地誌学習においては，植民地支配の事例を取り上げなければ現在のモノカルチャー経済を説明したことにはならないのです。この点で，世界史教育との接点が見つかるとともに，現在の世界の国々は近現代において社会のシステムができ上がったので，まずその国の現在を規定している歴史上のできごとを説明する必要があります。ここに世界史と地理との融合がはかられることにもなります。


## 3．南北問題の扱い方

### (1)教科書を用いた扱い方

　例えば現行教科書の『新編 詳解地理B 改訂版』で見ていくと「第Ⅱ編」の「第2章」「第1節」「4　商業的性格の強い農業」の「プランテーション農業」という小見出しの中で前述のプランテーション農業が取り上げられています。

　「プランテーション農業は，熱帯やその周辺地域の気候の特色を生かして，世界市場向けの商品作物を大規模栽培する企業的農業である。16世紀ごろからヨーロッパの農業資本が植民地に進出し，現地住民を労働力に広大な農場（プラ

ンテーション）で，バナナ・コーヒー・カカオ・茶などの嗜好品や，さとうき
び・天然ゴム・油やしなどの工芸作物の栽培を始めた。第2次世界大戦後の植
民地の独立によって，多くのプランテーションは現地の経営者に引きつがれた
が，栽培作物と生産方法が独特なため，現在でもプランテーション農業とよば
れている」と記述されています。

　植民地時代のプランテーション経営の状況に触れるとともに，第2次世界大
戦後もそれが維持され，政治的には独立したが，経済的には先進国に支配され
た状態（新植民地主義）が続いたことも指摘しておかなければなりません。

　次に，「第Ⅲ編」「第2章」「第4節　インド」，「第5節　西アジア」および「第6節
アフリカ」などを扱う際に「南北問題」の視点をベースに扱うとより深い地誌学
習になると考えられます。

　インドやアフリカはヨーロッパ諸国による植民地支配が行われた地域であり，
その影響を現在でも引きずっている地域でもあります。西アジアは産油国が多
く，一人当たりの所得は比較的高い国もあるため，「南南問題」を基本的理解の
ベースとしておくとよいと思われます。

　そして，授業時数の関係で多くの地域を扱えない場合，最も「南北問題」の影
響が典型的にあらわれている地域であるアフリカを扱うのが適当です。授業展
開案については後述します。

## (2) 地図帳を用いた扱い方

　『詳解現代地図』（二宮書店）を用いて「南北問題」をどのように扱うか考えてみ
ましょう。

　『詳解現代地図』の後半部分は，主題図が多く掲載されています。これらを用
いて，補足説明することが有効です。

　「人口・村落・都市」では，「出生率」，「死亡率」，「人口増加率」，「合計特殊出生率」，
「非識字率」，「平均寿命」，「老年人口率」などの階級区分図が示されていますが，
これらを読み取った結論としては，いずれも「南北問題」が導き出せます。系統
地理の人口問題の学習や地誌の発展途上国の学習の単元でこれらの資料を見せ
ることが重要です。

　見せるだけではなく，例えば『詳解現代地図』巻末の統計資料に掲載されてい
るデータを用いて白地図の世界地図に，上記の指標などの階級区分を着色させ
て世界地図の階級区分図を生徒に完成させ，そこから何が読み取れるかを考え
させても有効な学習となるでしょう。

## 4. 「南北問題」をベースにした授業展開案(アフリカを事例に)

　発展途上国を扱う際には,「南北問題」を中心にするべきであると考えます。そこで, 発展途上国の中で最も貧困や飢餓の問題が深刻な地域であるアフリカを取り上げて授業展開を以下のように考えてみました。実際には独自のプリントを作成して実施しました。世界史的要素を多く入れており, 歴史の先生方も扱いやすい部分があると思われます。

①アフリカ概観＝白地図作業などを入れながらアフリカの国名記入, 宗主国はどの国であったか, 独立年度の確認,「アフリカの年＝1960年」に独立した国の確認, 民族的な大別など, アフリカの基礎知識の確認を行います。

②奴隷貿易＝奴隷貿易の実態について18世紀中の統計資料で人数の確認, いわゆる「奴隷狩り」の方法と実態の文章,「コンゴ王の嘆き」の文章,太平洋上の三角貿易の図の理解, 奴隷貿易による「本源的蓄積」によるヨーロッパの産業革命。一方, アフリカは人口停滞による生産力後退。今日におけるアフリカの後進性の遠因となることを指摘します。

③植民地支配と抵抗運動＝19世紀には奴隷貿易から植民地支配へと変化しました。その原因と支配の方法。ヨーロッパの原料供給地として位置づけられ, 税制によって貨幣経済を押しつけられます。この内容もほぼ世界史です。ただし, 地域や分布を地図で具体的に示すことで地理学習と位置づけられると思います。

④独立後の諸問題＝モノカルチャー経済の問題点, 政治的独立後のアフリカの国づくりとその失敗, 新植民地主義, 冷戦構造時代のアフリカとその後。この内容も近現代史です。

⑤各地の民族抗争＝「民族」と「部族」,「部族」の中の「氏族」または「小氏族」, 繰り返される武力抗争(ソマリアなどを事例に)。

⑥「西欧的民主主義」と「開発独裁」＝ビアフラ, ルワンダ, ソマリア, 南スーダンなどの民族対立。有効な解決策はあるのでしょうか。

⑦「民族」と「部族」＝二つの用語の意味と解釈を考えてみます。

⑧先進国の「援助」と「アフリカの価値観」＝アフリカへの技術援助はどうあるべきか。アフリカ人の価値観を知る重要性。

⑨構造調整政策と失われた10年＝1990年代に行われたIMF・世界銀行を中心とした構造調整政策の中身とその失敗。アフリカに市場経済は適用できたのでしょうか。

⑩中国の「援助」とアフリカ諸国＝新たな援助国の登場とその問題点。経済援助の覇権争い。

## 5．「貿易ゲーム」の実施

### (1)「貿易ゲーム」の有効性

　この授業展開案を実施する前に生徒の学習意欲を上げる一つの教材を提起したいと思います。以前から用いられている教材ですのでご存じの方も多いと思いますが，「貿易ゲーム」という開発教育の教材です。

　これは，「南北問題」を貿易問題に焦点をあてたゲームでクラスの仲間と楽しみ，その過程や結果からどのようなことが理解できるか，また思考，判断することができるたいへん優れた教材です。

　これにより，世界貿易における不均衡やモノカルチャー経済にある途上国が一次産品の暴落によって著しい不利益を被ることが理解できます。そこからモノカルチャー経済のもつ構造的な問題や先進国と発展途上国の「力関係」といったようなものがよく理解できます。

### (2)「貿易ゲーム」の実施

　以下に，授業で使用した貿易ゲームの説明プリントを示しました。

　〇貿易ゲーム説明プリント

　「今日の授業では，いきなりですが「貿易ゲーム」というゲームをします。まず，ルールを説明しますので，よく聞いてください。」

　①進め方

　「まず，机の上をきれいにしてください。筆箱，ノート，教科書などは机の中にしまってください。ゲームの最中は，自分の文房具などは一切使ってはいけません。」

　②クラスを先進国グループ2名×4グループ＝8名，新興国グループ3名×4＝12名，発展途上国グループ5名×4＝20名に分ける。（合計40名）

　（各国に具体的な国名を割り振っておく。先進国＝日本，フランス，発展途上国＝タンザニア，パキスタンなど）

　③世界銀行役を2人設定する。2名は発展途上国から選出する。

　（世界銀行役を最初から2名指名しておいてももちろんよい）

　④次の見本図（図1）のプリントを見せながら，ルールの説明を行う。

　「今日はグループに分かれてゲームをします。各グループの目的は，与えら

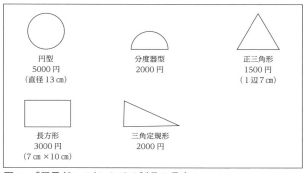

**図1 「貿易ゲーム」における製品の見本**
(開発教育推進センター編『新しい開発教育のすすめ方』古今書院より)

れたものを使ってできるだけ多くの富を築くことです。富は製品を生産することによってつくられます。製品の形と大きさ、価格は見本図の通りです。製品を世界銀行に持っていくと、品質が点検されたうえで、その金額がグループの口座に振り込まれます。製品は好きなだけ生産できます。ただし世界銀行に持っていく製品はすべて正確なサイズで、はさみを使ってきちんと切られていなければ製品として認められません。時間は30分くらいです。封筒が配られたら、どのように切り取ったら最も多くの富を生産できるか考えてみてください。また、各グループをよく観察してはさみや定規などの道具や紙がどれだけあるのか確認してみるのもいいですよ。他グループとの交渉はもちろん許されています。」

⑤世界銀行の役割を説明する。

「銀行はゲーム前と後の各グループの富を記録します。グループが製品を持ってきたら金額を記録用紙に記入してください。はさみを使わずに切ったものやサイズに狂いのあるものは商品とはみなしませんから、受け取ってはいけません。最後に結果を発表してもらいます。」

⑥各グループから代表が一人ずつ出て封筒を選ぶ。

(先進国が原料である紙、えんぴつ、はさみ、定規、分度器、コンパスと1万円紙幣などすべてがそろっている状態の袋、新興国が紙、はさみ、定規と5000円紙幣のみ、発展途上国が紙と1000円紙幣のみ、えんぴつのみ、などとしておく。道具は100円ショップで安く手に入ります。)

⑦ゲーム開始の合図をする。

⑧ゲーム開始から各グループの生産が順調になってきた段階で、長方形など

149

の製品の価格が国際市況の急変で大暴落することを伝える。(例えば長方形3000円→500円など。この他のやり方ももちろん可能である。発展途上国が多く輸出している一次産品の価格が非常に不安定であることを学ぶことができる。)

⑨時間終了後, 世界銀行役が結果を発表する。

⑩残りの時間で, 貿易ゲームをやってみてわかったこと, 気がついたことを書いてみる。

### (3) 生徒が理解できたことや感じたこと

最後に「貿易ゲーム」をやってみてわかったこと, 気がついたことについて生徒の感想をまとめてみます。

①先進国は製品をつくるための道具がそろっていて, とても生産性が高くなっていた。しかし, 新興国, 発展途上国では道具がなく, 生産性はとても低かった。

②発展途上国は資源が豊富にあるが, それらを製品にするために必要な道具がなく, 生産活動を活発に行うことはとても難しい。しかし道具がそろえば資源は豊富にあるので, 大量生産が可能になる。だがやはり「人手はあるが生産が行えない→お金が手に入らない→道具が入手できない→人手があまる」という悪循環ができ上がってしまい, いつまでたっても富を手に入れることができないということがわかった。

③先進国, 新興国, 発展途上国というグループ分けにより, 世界貿易の関係が少しは理解できたと思う。先進国は道具がたくさんあり, 資源が不足しているという特徴や発展途上国は資源と人手は豊富だが, 道具が不足するという特徴, 新興国は道具も資源の量の過不足は特に感じなかったが, その国の方針によりどうすれば効率的にできるかというところにかかっていたと思う。その辺が現代世界の貿易関係を表していた気がする。

④私たち(途上国グループ)が資源(紙)などをもって交換してもらいに行っても道具をたくさんもっている先進国はなかなか貸してくれなかった。やはり自分の国が一番大事だし, 他の国が困っていてもそれは仕方がないということなのかもしれない。

⑤道具が最初あまりよいのがなくて先進国と発展途上国の差がだんだん大きくなるのがわかった。発展途上国は, 人数がたくさんいるのにやれることがなくてもてあましている人がいるようだった。私たちのグループは新興国だっ

150　第2章　国際理解と国際協力

たが，少しでも気を抜くと発展途上国に追い抜かれてしまうという焦りが出
た。
⑥実際の貿易よりずっとシンプルなものであったが，すごく面白かった。それ
に発展途上国は紙がたくさんあって，先進国には技術（はさみ，定規）があり，
グループの人数の違うところもすごく工夫してあった。
⑦はじめ，道具をどうやって手に入れるのかわからず，たいへんだった。やっ
とわかってはさみを買ったけど，それだけじゃあまり作業ができず，他のを
買おうとしたけどもうどこも売ってくれなくて，仕方なく長方形をつくって
いたら価格が大暴落してがっかりした。とにかくいろいろたくさんつくって，
つくったものからどんどん銀行に持っていった。でも本当に途中，何が何だ
かわからなくなったりして困った。でもやってみると何か楽しかった。

## 6. おわりに

　生徒たちは教師側が特に言葉で説明しなくても，ゲームを行う中で国際貿易
における先進国と発展途上国の格差を感じ，理解していったようです。事前に，
道具の袋の中身やグループの人数配分などに配慮するとそれにも気づいてくれ
る生徒がいることがうれしかった記憶があります。

　これらの優れた感想文は教師がワープロで起こして次の時間の冒頭に全員に
配付することで，クラス全体や他のクラスにも共有化しました。多くの生徒は同
じゲームをしても自分で気がついていない本質的な部分にまで理解が進んでい
る生徒の見解を知ることができます。ここで生徒にグループごとにディスカッ
ションさせてもよいのではないかと考えます。この結果，生徒相互の理解の共
有化がはかられることになり，体験型ゲームとともにアクティブ・ラーニング
的要素も加味できることになります。

### ［参考文献］
・開発教育推進セミナー編（1997）『新しい開発教育の進め方　改訂新版―地球市民を育て
る現場から』古今書院
・松村智明（1998）「「発展途上地域」の授業構成―アフリカ学習を事例に　現代世界を考
える」『「現代世界」報告集』地理教育研究会
・松村智明（2002）「高等学校学習指導要領の特徴と地理Ｂのカリキュラムプラン」『新学
習指導要領と地理教育』日本地理教育学会

（松村智明）

コラム④

# カルトグラム（変形地図）の世界へ
## ─地図作成を通じて思考力・表現力向上を目指す授業

　高校1年生の地理Aの授業でカルトグラム（変形地図）に出会った。私は地図作成の難しさと面白さに気づき，そして作成することで見える世界の「格差」の深刻で複雑な状況に，高校生ながら驚いたのである。カルトグラムとは，主題図の一つで，国や地域の統計データに基づいて地図を変形させ，大きさの違いで地域の分布や偏りの特徴を視覚的に表現するものとして用いられている。

　実際に授業では，単元「アフリカ」のまとめに，「南北問題」を考察する手段として，計8時間でカルトグラムを作成した。教師が各班6〜7人に分け，六つの項目（国民総所得，エネルギー消費量，将来の国民所得予想，二酸化炭素の排出量，一人当たりの医療費，HIV感染者数）を用意した。作業が始まると，渡された5mm方眼紙に各大陸のおおよその設計図を描き始める。ここには，正しい空間認識力と図形表現力が求められる。図の中心，赤道の位置，描き始める地域，形の正確さ，四角形以外での表現方法，国の連続エリアをどこまで正確に描くか，など様々な疑問点が生徒から出てくるが，教師が解決のヒントを与えるよりも，多くは生徒同士の学び合いによって解決されていた。

　カルトグラム作成後は，視聴覚教材によるデータマップの検証と，作成したカルトグラムの特徴およびその考察を班ごとに発表した。他の主題図と組み合せることで，カルトグラムで説明しきれなかった部分が補足され，世界の「格差」がより明確になる。作成を通して，自分が知っていることは世界の一面に過ぎず，広い視野をもち，物事を多面的・多角的に見ることが必要だと気づく。その気づきや考えた内容を自分の言葉で表現することで理解が深まる。

　なぜカルトグラムなのか。先進国における社会経済活動と，途上国における貧困などの問題が，相互に密接につながっていることを理解させるために，主題図の中でも規模の大きさを実感しやすいカルトグラム（変形地図）が有効なのだ，と当時の授業を実践された先生が仰っていた。新しく始まる「地理総合」に向けて，カルトグラムを含めた地図作成は今後も重要となるだろう。

（稲垣稀由）

# 第3章

持続可能な地域づくりと私たち

第3章　概要

# 持続可能な地域づくりと私たち

　本章は，「地理総合」の大項目「C　持続可能な地域づくりと私たち」に該当し，「(1)自然環境と防災」と「(2)生活圏の調査と地域の展望」の二つの中項目に区分されます。そこで重視される資質・能力については，表1に示す通りです。ここから，大項目Cのねらいが，①地理的技能を駆使しながら防災をはじめとする生活圏の諸課題への対応，②諸課題の解決を通して人々が安心して生活を営むことのできる持続可能な地域社会の形成，にあることが理解できると思います。

　ところで，新学習指導要領では，「社会に開かれた教育課程」の実現が謳われています。このことは，「よりよい学校教育を通じてよりよい社会を創る」という目標に沿うべく，「学校と社会との連携・協働」を意味するとともに，「社会の現状について知るための学び」から「社会と自分との接点を見出し，社会のあり方や自身の生き方について考えていくための学び」への転換を意味しているものと考えます。

　「地理総合」も同様に，科目としての特質から鑑みて，生徒たちが授業を通して社会と自身とのつながりを意識し，社会へ参画していくためのきっかけづくりができたらと考えます。とりわけ，大項目Cは，生徒たちにとって身近な空間である学校周辺地域などの生活圏が学習対象となっていることから，自身と社会との接点を見出すことが容易であるといえるでしょう。授業づくりにあたっては，表1に示す資質・能力の育成に向けて，地域認識から社会参画に至る探究プロセスとそれに相応しい「学習課題（主題）」の設定とともに，適切な「問い」を中心に学習活動が組織され，「対話的，主体的で深い学び」を促す学習が展開される必要があります。本章で取り上げた八つの授業実践はいずれもそうした取り組みがなされています。

　八つの授業実践は，①防災，②ESD（持続可能な開発のための教育），③地域調査の三つに区分されます。それらの概要について簡単に述べていくと，①では，三つの実践が取り上げられ，それぞれ統計資料，ゲーム教材，ハザードマップなどを活用しながら，自然災害に対する当事者意識をもたせるための工

表1　大項目「C　持続可能な地域づくりと私たち」の各中項目において重視される資質・能力

| 中項目 | 資質・能力 |
|---|---|
| (1)<br>自然環境と<br>防災 | 【知識及び技能】<br>(ア)我が国をはじめ世界で見られる自然災害や生徒の生活圏で見られる自然災害を基に，地域の自然環境の特色と自然災害への備えや対応との関わりとともに，自然災害の規模や頻度，地域性を踏まえた備えや対応の重要性などについて理解すること。<br>(イ)様々な自然災害に対応したハザードマップや新旧地形図をはじめとする各種の地理情報について，その情報を収集し，読み取り，まとめる地理的技能を身に付けること。<br>【思考力，判断力，表現力等】<br>(ア)地域性を踏まえた防災について，自然及び社会的条件との関わり，地域の共通点や差異，持続可能な地域づくりなどに着目して，主題を設定し，自然災害への備えや対応などを多面的・多角的に考察し，表現すること。 |
| (2)<br>生活圏の調査<br>と<br>地域の展望 | 【知識及び技能】<br>(ア)生活圏の調査を基に，地理的な課題の解決に向けた取組や探究する手法などについて理解すること。<br>【思考力，判断力，表現力等】<br>(ア)生活圏の地理的な課題について，生活圏内や生活圏外との結び付き，地域の成り立ちや変容，持続可能な地域づくりなどに着目して，主題を設定し，課題解決に求められる取組などを多面的・多角的に考察，構想し，表現すること。 |

（『高等学校学習指導要領（平成30年告示）解説　地理歴史編』より作成）

夫がなされています。②では，三つの実践が取り上げられ，いずれも学校周辺地域を事例に，新旧地形図を活用した課題発見学習，課題解決に向けた社会的合意形成を目指す学習，資料をもとに地域の変容について考察する学習が，それぞれ展開されています。③では，二つの実践が取り上げられ，いずれも学校周辺地域を事例に，地域理解へ向けて多様な形態を取り入れた学習，通学ルートを切り口に「課題発見，仮説の設定・検証」という一連のプロセスを重視した学習が，それぞれ展開しています。

　読者の皆様におかれましては，本章において取り上げた授業実践を参考にしながら，ご自身の実践をより豊かで実りあるものにしていただきたいと思います。

### ［参考文献］
・泉貴久（2019a）「新科目「地理総合」の可能性と課題—高校地理教育の役割について展望する—」『地理教育』48，pp.6-15，地理教育研究会
・泉貴久（2019b）「探究プロセスを重視した「地理総合」の防災学習プラン」『社会科教育』726，pp.80-83，明治図書

（泉　貴久）

## ▶第1節　自然環境と防災

防災①

# 1　世界の自然災害と防災を学ぶ
### ―資料を用いて防災を考える

## 1．はじめに

　防災は「地理総合」における柱の一つです。学習テーマとしては，従前の「地理A」から引き継いでいますが，位置づけが大きくなり内容も拡充されています。防災の学習には，人間と自然環境とのかかわりの視点をもつことやハザードマップをはじめとする地図などの資料に関する技能を身につけること，防災意識を高めることなどが求められています。

　それらをおさえたうえで，授業実践にあたっての留意点は次のように考えられます。まず防災の学習全体が，世界，日本，生活圏という三つのスケールにおける内容で組み立てられていることです。言うまでもなくこれら三つのスケールにおける学習は相互に関連しますので，学習順や内容構成については多様な展開が考えられます。ここでは，「地理総合」で新たに明示された世界スケールの学習を最初にし，その後に日本および生活圏という展開を想定することにします。この場合，最初に学習する世界の災害と防災は，その後に続く日本および生活圏の防災の学習の窓口あるいは基礎になる必要があります。それは知識，技能および思考・判断・表現のそれぞれにおいて導入的な役割を果たさなければならないということです。また，防災を含む大項目は他の大項目とのつながりにも留意しなければなりません。地図の活用は，地図や地理情報システムを扱う大項目の学習が前提になっていますし，大項目「国際理解と国際協力」の学習の視点が生きるような防災の学習でなければならないわけです。

## 2．世界ではどのような自然災害がどこでどのように起こっているか
### (1)自然災害は世界のどこで起こっているか

　ここでは，内閣府で毎年度刊行される『防災白書』の資料を使用します。『防災白書』はインターネットでダウンロードできます。統計資料を丹念に見る作業が基本になりますが，生徒は予想以上に様々なことを読み取りま

156　第3章　持続可能な地域づくりと私たち

表1　世界の主な自然災害年表の例

| 年 | 災害の種類 | 国名(地域名) | 死者・行方不明者数(概数) |
|---|---|---|---|
| 1970 | 地震 | 中国、雲南省 | 10,000 |
| 1970 | 地震／地すべり | ペルー、北部 | 70,000 |
| 1970 | サイクロン・ボーラ | バングラデシュ | 300,000 |
| 1971 | サイクロン | インド・オリッサ | 10,000 |
| 1972 | 地震(マナグア地震) | ニカラグア | 10,000 |
| 1974 | 地震 | 中国、雲南省・四川省 | 20,000 |
| 1974 | 洪水 | バングラデシュ | 28,700 |
| 1975 | 地震 | 中国、遼寧省 | 10,000 |
| 1976 | 地震(グアテマラ地震) | グアテマラ | 24,000 |
| 1976 | 地震(唐山地震) | 中国、天津 | 242,000 |
| 1977 | サイクロン | インド、アンドラ・プラデシュ州 | 20,000 |
| 1978 | 地震 | イラン、北東部 | 25,000 |
| 1982 | 火山噴火 | メキシコ、エルチチョン火山 | 17,000 |
| 1985 | サイクロン | バングラデシュ | 10,000 |
| 1985 | 地震 | メキシコ、メキシコ市 | 10,000 |
| 1985 | 火山噴火 | コロンビア、ネバド・デル・ルイス火山 | 22,000 |

(内閣府『防災白書』平成30年版,「附属資料24」の一部)

す。生徒の発表に対して，何が？どこで？なぜ？という「地理的な問いかけ」をすることによってさらなる考察と発表を促すことができます。

　1970年以降の世界の主な自然災害の年表(表1)を配付して，この資料からわかることを答えてくださいという課題を設定します。これは個人の作業でも，グループワークでも展開できます。生徒の回答に対してコメントや問いかけをする際は，世界のどこに(あるか，広がるか，動くかなど)？を念頭に行い，空間的スケールにも留意します。

　災害の種類については，地震，津波，火山噴火，洪水，ハリケーンなどがあり，大きな人的被害をもたらしてきたものは地震および津波とサイクロンや洪水による風水害であることなどがわかります。

　自然災害は，世界の中で地域的に偏って発生していることに気づかせ，地図帳に収録されている関係地図(図1)を参照したり，災害の発生地を世界地図に記入する作業をさせたりすれば，災害の発生と自然環境との関係が大まかに見えてきます。ここで，世界の大地形やプレートテクトニクス，大スケールの気候や熱帯低気圧の発生と移動などについて確認し，それらと自然災害との関係を考えます。

　各災害の発生時期や頻度については，表にある数値をグラフ化することも有効です。1980年代と比べて，1990年代，2000年代に多発するようになっていること，犠牲者1万人以上の巨大災害はむしろ減っているように見える反面10万人以上が犠牲になる超巨大災害は10年間に数回は起こっていることなどの答え

157

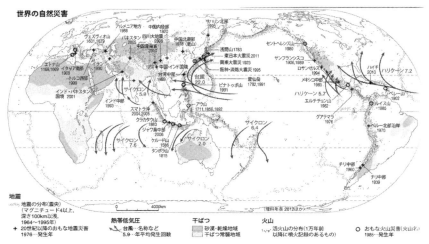

**図1　地図帳に掲載されている「世界の自然災害」地図**　　　　　（二宮書店「詳解現代地図」より）

が出てくるでしょう。これらの情報には，統計上の制約があるとしても災害が世界的に取り組むべき大きな課題になっていることはわかります。また，最近の災害発生が地球温暖化などによる気候変動の影響を受けている可能性を扱うこともできます。

　さらに災害別，国別の被害度を見ると，人的被害の大きい災害としては地震，サイクロンやハリケーンが多いことや，発展途上国で被害が大きくなっていることにも気がつきます。繰り返し被災している国があることを捉えて，国別の災害発生一覧表を作成すれば，大災害の発生地が地域的に限定されていることなどについてさらなる考察や理解のための資料になります。

## (2) 自然災害の被害の状況から何がわかるか

　さて上述（1）の授業で使用した年表は，世界の大災害（死者・行方不明者1000人以上）を必ずしも網羅的ではなく示したものですので，大まかな傾向を学ぶわけです。そこで気づいたことについてさらに学習を進めるために，同じく『防災白書』掲載の資料(表2)から最近発生した世界の災害をより詳しく見ていくことにします。2017年に発生した主な自然災害の一覧表を資料として（1）の授業と同じような手順に沿って学習します。

　ここでは，まず災害の種類の多様性がわかります。とりわけ，時間的に長期にわたり人間活動との相互作用の中で被害が発生し拡大していく特徴をもつ疫

表2　2017年に発生した世界の主な自然災害一覧の例

| 発生時期 | 国名 | 災害の種類 | 死者数 | 被災者数 | 直接被害額<br>(000 USD) |
|---|---|---|---|---|---|
| 2017年1月－2017年4月 | ソマリア | 疫病 | 302 | 13,126 | 0 |
| 2017年1月－2017年9月 | スリ・ランカ | 疫病 | 320 | 155,715 | 0 |
| 2017年01月01日－2017年01月10日 | タイ | 河川氾濫 | 46 | 1,600,000 | 860,000 |
| 2017年01月15日－2017年03月16日 | チリ | 森林火災 | 11 | 7,623 | 870,000 |
| 2017年01月16日－2017年01月31日 | フィリピン | 洪水 | 9 | 1,500,000 | 8,100 |
| 2017年02月16日－2017年02月21日 | 米国 | 暴風雨 | 5 | 14,000 | 1,300,000 |
| 2017年3月－2017年5月 | チャド | 干ばつ | 0 | 1,886,800 | 0 |
| 2017年03月13日－2017年03月15日 | 米国 | 暴風雨 | 11 | 12 | 1,000,000 |
| 2017年03月15日－2017年03月19日 | ペルー | 洪水 | 177 | 1,700,353 | 3,100,000 |
| 2017年03月28日－2017年04月05日 | オーストラリア | 熱帯低気圧 | 12 | 20,000 | 2,700,000 |
| 2017年03月15日－2017年04月15日 | バングラデシュ | 河川氾濫 | 0 | 102,875 | 352,000 |
| 2017年03月31日－2017年04月01日 | コロンビア | 土石流 | 273 | 45,262 | 0 |
| 2017年4月－2017年8月 | モーリタニア | 干ばつ | 0 | 3,893,774 | 0 |
| 2017年04月01日－2017年07月21日 | ガーナ | 洪水 | 0 | 1,000,000 | 0 |
| 2017年04月28日－2017年05月01日 | 米国 | 洪水 | 20 | 70 | 2,000,000 |
| 2017年5月－2017年6月 | アンゴラ | 干ばつ | 0 | 1,400,000 | 0 |
| 2017年5月－2017年6月 | ニジェール | 干ばつ | 0 | 1,131,300 | 0 |
| 2017年05月01日－2017年05月31日 | 中国 | 干ばつ | 0 | 2,000,000 | 122,000 |
| 2017年05月05日－2017年05月20日 | カナダ | 洪水 | 4 | 15,600 | 200,000 |
| 2017年05月25日－2017年05月31日 | スリ・ランカ | 洪水 | 292 | 769,410 | 197,000 |
| 2017年05月26日－2017年06月10日 | ブラジル | 河川氾濫 | 14 | 144,140 | 100,000 |
| 2017年05月30日 | バングラデシュ | 熱帯低気圧 | 7 | 3,300,000 | 0 |
| 2017年6月－2017年8月 | インド | 洪水 | 254 | 8,600,000 | 0 |

(内閣府『防災白書』平成30年版,「附属資料26」の一部)

病や干ばつといった災害があることを知ることになります。地理では，事項や地域の空間的および時間的なスケールに留意することでより深い学習が展開できますが，この資料は，時間的にも空間的にもより小さいスケールで詳しい情報が示されているというわけです。

　また資料には，被害として被災者数（人的被害）と直接被害額（物的被害）が収められていることに注目します。例えば，米国の暴風雨や洪水の被害では被災者数は少なくても被害額はきわめて大きい一方，アフリカ諸国で発生した干ばつでは数百万人の被災者に対して被害額が積算されていないことなどに気づかせます。そのことによって，被害が人間社会のあり方と深く関係していることについて考え，授業は災害に対する社会的脆弱性の概念や防災における減災の考え方にたどりつくことになります。なおここでも，災害の発生地を地図化することで自然環境との関係を確認し，災害別，国別にそれぞれの被害状況をまとめることによって経済状況などの社会環境との関係を考察することもできます。

　これらの学習では，統計資料を用いて世界の災害を概観し，災害に対する視点を身につけることを目指しています。したがって，紹介した二つの展開例のうち前段と後段のどちらかを学習することでも，ねらいはある程度達成できることをつけ加えておきます。

## 3. 世界の自然災害と防災の事例を分析してみよう

　自然災害は世界各地域のそれぞれの自然的・社会的条件の下で発生するため，そのあらわれ方は様々です。「地理総合」では，多様な顔をもつ自然災害と防災の事例を通して，生徒が自分にとって身近な問題として捉え生活や行動の見直しにつながることを目指しています。そのために，世界各地の事例を扱うにあたっては自然災害と防災を見る視点，つまり事例を分析する項目を設定することを試みます。例えば，①場所・国・地域（どこで），②時期（いつ），③被害状況（人的被害・物的被害），具体的な被害状況，④発生のしくみ，すなわち，直接的な原因となる自然現象，自然条件（気候，地形，地質など），社会条件（土地利用，産業，建物，防災組織，人々の意識など），⑤緊急対応（緊急支援），⑥復旧・復興（避難所設置運営，ボランティア活動，復興支援，復興政策）といったことです。展開は，生徒が自ら調べてまとめる形態を取るためにグループワークとします。実際のところ，これらのすべてについて調べることは資料的にも時間的にも難しいので，その一部を用いた学習になるでしょう。

　事例を選ぶにあたっては，この後の学習を見据えて，ここで何を学習するかと考えると，日本と比較しながら災害と防災について考察できる事例を取り上げることになります。例えば，日本とは火山や地震といった自然条件が類似するとともに，日本との関係が深くかつ発展途上国として日本と異なった部分をもつインドネシアで2004年に起こったスマトラ沖地震および津波災害があります。同じように自然条件や日本との関係，国の情勢などを考慮してアメリカ合衆国のハリケーン災害も好事例となります。あるいは，逆に日本から距離的にも文化的にも離れた中南米の国の地震災害を取り上げることも有意義です。

　資料としては，まず新聞記事を使うことができます。例えば，2017年9月に起きたメキシコ地震（日本時間8日および19日）について，発生後の朝日新聞の記事では，被災地の地図と建物倒壊や避難者の写真が掲載され，発生日時，震源地，被災地域，被害の概要および救助と復旧活動について記載されています。また数日後の新聞の中の，先住民の貧困と被災に焦点をあてた記事や具体的な被災状況，被災者の個別事情などを取り上げた記事からは，被災地固有の特徴を捉えることができるでしょう。ただ，新聞記事は資料としては断片的になることは否定できません。そこで，一般の書籍の他，調査報告書の類やインターネットサイトの記事を使うことが考えられます。先にあげた『防災白書』では，世界の大災害について簡潔にまとめた内容（例えば，平成17年版収録のインドネ

160　　第3章　持続可能な地域づくりと私たち

シア・スマトラ沖地震，平成21年版収録の中国の四川地震など）が掲載されていますし，国立研究開発法人の防災科学技術研究所の刊行物にも外国の災害調査報告（例えば，2006年3月刊行の米国ハリケーン・カトリーナ災害調査報告など）があります。

　実は，事例の選定にあたって資料の使いやすさはとても重要な条件になります。資料によっては，生徒が調べ学習に取り組む資料ではなく，教員が研究し教材開発するための原資料になる場合も少なくないわけです。

## 4．防災で世界とつながる

　日本が防災に関する先進国であるとはよく耳にしますが，現在，世界の高校生が防災について学びながら交流する国際フォーラムが各地で行われています。自治体が主催するもの，学校が独自に実施するもの，その形態は様々ですが，いずれもインターネットでアクセスし教材化のための資料を容易に入手することができます。そうした動きを知り世界の災害と防災について考え行動を起こす力を身につけるための授業が展開できます。

　例えば，和歌山県と広川町が国連国際防災戦略事務局（現国連防災機関〈UNDRR〉）駐日事務所とともに主催し，国の他に各種機関の後援のもとに開催した『「世界津波の日」2018高校生サミットin和歌山』があります。これは，2015年に国連で採択された「世界津波の日」にちなんで2016年から日本で開催されているもので，和歌山の会議は第3回にあたります。海外の48カ国から300名を迎え，国内と合わせて500名近い高校生が参加しており，議長をはじめ企画から運営まで高校生が深くかかわっています。この会議の様子は準備段階も含めてインターネット上にライブ映像がアップロードされており，教材としては圧巻です。

　授業では会議の動画の一部を視聴し，開催の経緯と「稲むらの火」の物語を紹介します。さらに会議の成果として採択された「稲むらの火継承宣言」（図2）を読み解きます。この宣言は，「地理総合」でねらいとしている自然災害への備えや防災に対する意識の大切さについて改めて確認できる内容となっています。

　また「稲むらの火」の物語について，インターネットからダウンロードして紙芝居を製作することができます。グループで分担して紙芝居を製作し全体で上演すれば，授業はよりアクティブに展開していきます。

## 稲むらの火 継承宣言（日本語訳）

　２０１５年１２月の国連総会で１１月５日が「世界津波の日」と制定されたのは、安政元年（１８５４年）１１月５日、安政南海地震による津波が現在の和歌山県広川町を襲った際、濱口梧陵が稲むらに火をつけ、村人を高台へ導いて、多くの命を救った「稲むらの火」の故事にちなんだものです。

　その後、濱口梧陵は自らの財産を使って村の再生を支援し、将来の津波に備えて堤防を築き、この堤防は昭和２１年（１９４６年）１２月の昭和南海地震による津波の被害を最小限に抑えました。

　これから私たちが、それぞれの国で防災活動に取り組むうえで、「稲むらの火」の故事に含まれる①人命救助、②地域の復旧・復興、③将来の災害への備え、の３つの要素を考えることは、非常に大切なことです。

　本年、私たち世界４８カ国の高校生は「稲むらの火」発祥の地である和歌山県に集まり、地震津波などの自然災害から命を守るため、私たちが何をするべきか、私たちに何が出来るかを話し合い、共有しました。

１　災害について知識を得る
○ 自然災害に対する備えができていないことが最も憂慮すべき問題であると考えました。
○ 生徒全員が学べるよう、自然災害に関する学習を学校のカリキュラムに取り入れ、実践するというアイデアを共有しました。
○ 地域住民全員と防災活動（避難訓練など）に取り組んでいきたいと思います。

２　災害に備え意識を高める
○ 災害は、地域ごとに異なる地理的特徴と関係があると考えました。
○ 被災者の話を聞くことにより、災害に対する備えの重要性について人々の意識を高めるためのアイデアを共有しました。
○ 防災情報の各種ツールについて学んだ上で、実際の避難時に人々の助けになるようなユニバーサルデザインの標識を設置する努力をしようと思います。

３　災害から生き抜く
○ 災害後の復旧・復興について、事前に計画を立てることが重要だと考えました。
○ 災害発生前・災害発生時・災害発生後の助け合いの重要性について、認識を共有しました。
○ 地域の年配者や専門家による講話またはハザードマップにより、自然災害のリスクを人々に伝え、災害時にパニックに陥らないよう明確なルールと計画を作成しようと思います。

　世界中の防災意識をさらに向上させていくため、私たち若い世代が濱口梧陵をはじめとする偉大な先人の志を継承し、このサミットにおいて学んだ「災害から命を守る」ためになすべきことを、それぞれの国において、私たち一人一人が実践していく決意をここに宣言します。

２０１８年１１月１日

「世界津波の日」２０１８高校生サミットin和歌山

図２　稲むらの火 継承宣言（「世界津波の日」2018高校生サミットin和歌山）　　（和歌山県提供）

## 5. おわりに

　防災教育は，現在，実に様々な場面で行われています。それに伴って魅力的な防災教育教材，とりわけ防災意識を高め日常および被災後に必要なスキルを鍛えるようなアクティビティ教材が開発されています。そのうえでなお，「地理総合」で新たに扱うこととなった世界の自然災害と防災に関しては，様々な分野で蓄積されてきたたくさんの資料を教材化するために教員のさらなる研究と努力が求められているようです。

　授業展開や内容の設定とともに，適切で有効な教材を整えることが課題になることを感じています。また，ここでは世界の自然環境に関する知識が不可欠ですが，その学習を含む授業展開についても検討すべき課題となります。

［参考文献］
・岩田貢・山脇正資編（2013）『防災教育のすすめ』古今書院
・矢ケ崎典隆・森島済・横山智編（2018）『サステイナビリティ─地球と人類の課題』朝倉書店
・内閣府（2018）『防災白書　平成30年版』
・「世界津波の日」2018高校生サミット in 和歌山
　https://www.tsunami2018wakayama.telewaka.tv/（最終閲覧日2019年2月14日）
・内閣府「防災白書」
　http://www.bousai.go.jp/kaigirep/hakusho/index.html（最終閲覧日2019年2月14日）
・内閣府「稲むらの火」
　http://www.tokeikyou.or.jp/bousai/inamura-top.htm（最終閲覧日2019年2月14日）

（安藤　清）

防災②

# 2　ハザードマップ・防災ゲーム(DIG・クロスロード)を活用した授業
―命を守るための意識づけ

## 1.　はじめに

　阪神・淡路大震災，東日本大震災は，多くの人々に自然災害の怖さと防災教育の必要性を意識させ，災害が起きた場合の適切な避難行動を考えさせるきっかけになりました。自然環境と防災においてDIG，ハザードマップ，クロスロードの活用といった三つの授業実践を行いました。DIGの授業実践では，「津波への対応」と「大雨の水害・土砂災害」への対応の2点についての授業実践を示したものであります。

## 2.　DIG (ハザードマップ利用)とクロスロードの授業

　地形図の読図や地形と災害について学習したうえで，DIG (Disaster Imagination Game:災害想像ゲーム) を実践しました。DIGは，災害 (Disaster)，想像力(Imagination)，ゲーム (Game) の頭文字をとって名づけられたものです。これにより，「災害を知る」「地域を知る」ことで，地域の防災力，災害への強さ，弱さを認識し，防災に対する対応を理解することができます。

### (1)ハザードマップの活用(災害対応の学習において)

　学習指導要領では，様々な自然災害に対応したハザードマップや新旧地形図をはじめとする各種の地理情報について，その情報を収集し，読み取り，まとめる地理的技能を身につけることを目標としています。また，日本は変化に富んだ地形や気候をもち，様々な自然災害が多発することから，早くから自然災害への対応に努めてきたことなどを，具体例を通して取り扱います。その際，地形図やハザードマップなどの主題図の読図など，日常生活と結びついた地理的技能を身につけるとともに，防災意識を高めるよう工夫することが求められています。

　ハザードマップでは，予想される災害の範囲・規模，避難場所，避難経路な

どを地図上で確認する作業が示されています。

　自らの生活圏における防災について知り、地図や自然環境の知識など地理で学んだことを利用して行動できるようにすることが重要です。

　授業では、ハザードマップについてその目的や自治体が指定する避難場所などについて学習します。災害の種類ごとに作成されるハザードマップで、その地域にある災害のリスクがわかります。

　生徒が居住する自治体のハザードマップを収集させ、鉄道、主要道路、広場・公園・オープンスペースなど社会の要素（施設）を確認し、官公署、消防、警察、医療機関、学校・幼稚園、地域の施設、危険な施設など、まちの構造を確認します。そのうえで、以下の質問を中心にレポートを作成させました。

Q1：自分たちの家のまわりで起こり得る災害は何ですか。
Q2：ハザードマップをどこで入手しますか。入手したら、何を確認しますか。
Q3：自宅から最短の避難所までの経路や距離はどうか、その場所までに危険な箇所はありますか。（2次災害など）
Q4：実際に災害が起きた場合、どのようなことに注意し、どのような行動をとればよいですか。
Q5：ふだんから心掛けておくことや、準備しておくことは何ですか。
Q6：ハザードマップのマイナス点とは何ですか。

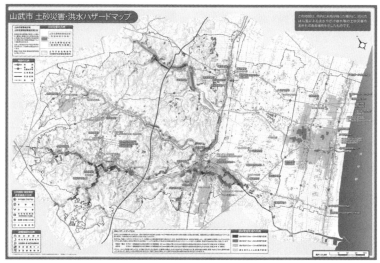

**図1　山武市ハザードマップ**　　　　　　　　　　　　　　　（山武市提供）

そのほか以下のような作業が考えられます。

①ハザードマップを利用し学校までの通学経路の災害予測と自分たちが地形図で予測したものとの検証を行う。

②ハザードマップで学校のある市域全体を見て，市内で起こり得る災害について気づいたことを書かせ，グループ討議を行う。

## (2) ハザードマップの活用（津波への対応事例）

地形図の読図に必要な基礎知識を学習した後，日本の地形，気候などの成り立ちの特徴，土地利用の特徴について学習し，日本の自然環境や人間生活と自然災害とのかかわりについて確認していきます。「今，地震が起きたら，あなたはどこへ」をテーマに実践しました。想定した内容は，地元の4カ所のジオパークの地点に滞在時に地震が発生した際，避難ルートを考えることを目的に行いました（図2）。各自の現在位置を設定して，そこの地形図を活用して自分がいる場所の状況を読み取り，最適と考える避難経路（どこへ避難すれば）を決定する作業を行います。次いで，自分たちの考えた避難経路をハザードマップと地形図上で比較することで，自分が選択した避難経路の適否を検討します。その際に，様々な状況を想定した避難条件を設定して行いました。

**表1　生徒が考えた条件**

| | 時間帯 | 前日の天気 | 風 | 月 | 年齢 | 移動スピード |
|---|---|---|---|---|---|---|
| ① | 朝8時 | 晴れ | 弱い | 7月 | 18歳 男性 | 125 m/分 |
| ② | 昼12時 | 晴れ | 強い | 12月 | 18歳 男性 | 125 m/分 |
| ③ | 午後3時 | 大雨 | 弱い | 7月 | 18歳 女性 | 115 m/分 |
| ④ | 夜9時 | 晴れ | 弱い | 8月 | 18歳 女性 | 115 m/分 |
| ⑤ | 昼12時 | 晴れ | 強い | 12月 | 50歳 女性 | 105 m/分 |
| ⑥ | 午後3時 | 大雨 | 強い | 7月 | 50歳 男性 | 115 m/分 |
| ⑦ | 午後3時 | 晴れ | 弱い | 7月 | 40歳女性と子ども3歳 | 60 m/分 |
| ⑧ | 午後4時 | 晴れ | 弱い | 8月 | 70歳 男性 | 60 m/分 |

〈作業手順〉

①避難する際に注意しなければならないことは何ですか。（危険な箇所や二次災害など）

②避難場所と避難経路を決定する。その理由を説明します。

③避難場所までの移動にかかった時間を計算します。

④ハザードマップから津波の発生状況を予想し，選んだ避難経路と避難場所が適切であったかどうかを検証します。

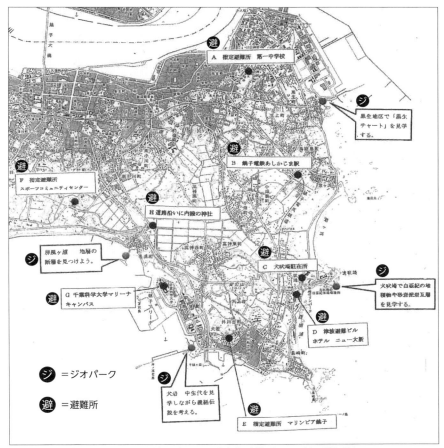

図2 授業で使用した，4カ所のジオパークの地点と避難所マップ（一部加筆）

⑤授業で学んだことや，グループで出た意見や感想をまとめます。

　この条件は，生徒たちがあげた時間帯，前日の天気，風，月，年齢，移動スピードとし，①～⑧の各条件について八つのグループで検討を行いました。事前に学習した，「避難する際に注意しなければならないことは何か」を自分が担当した条件であげさせていきました。

　生徒のコメントとしては，条件⑧では，「年寄りなので時間がかかる」「8月の夕方といえばまだ暑いので水分補給が必要となる」「足場がよいところを選ぶ」「避難場所まで遠いので時間をかけられないため年寄りを交代しながら背負う」などがありました。

また，条件④では，「火事の発生や電柱の倒壊や電線断線への注意」「持ち物選びについて時間をかけない」「頭上に注意する」「避難場所まで坂が続くので注意が必要」「懐中電灯を必ず持つ」「８月なので水分を忘れない」などがありました。

　地形図を利用して，避難場所と避難経路を選んだ理由は，「海岸線から早く離れる」という意見が多くあげられました。さらに，住宅地の間を通ることにより，他の避難者と同じ行動ができるという意見や，より標高が高い場所へ避難をした方がよいという意見が多く出ました。

　全体的には，適切な経路を選んだグループが多かったです。また，標高が高くはないが，避難タワーなどが近場にあったため避難時間の短縮になったとのまとめもありました。授業では，地図を活用し自分たちのいる場所についての地域の状況を読み取り，その理由を明確にしつつ，最適と考える避難経路を決定する作業を行いました。さらに，ハザードマップの避難経路と比較することで，自分の決定した経路の適否を検証することができました。災害対応に重要な視点である「空間」や「位置」「経路」が生徒たちの感想に反映されていました（図3）。

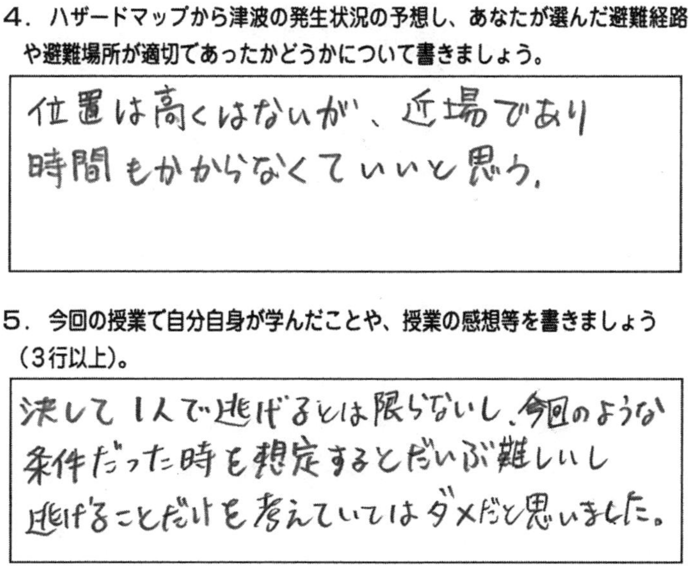

**4．ハザードマップから津波の発生状況の予想し、あなたが選んだ避難経路や避難場所が適切であったかどうかについて書きましょう。**

> 位置は高くはないが、近場であり時間もかからなくていいと思う.

**5．今回の授業で自分自身が学んだことや、授業の感想等を書きましょう（3行以上）。**

> 決して1人で逃げるとは限らないし、今回のような条件だった時を想定するとだいぶ難しいし逃げることだけを考えていてはダメだと思いました。

図3　生徒のDIG実施コメント

**写真1　DIG実施の様子**　　　　　　　　　　　　　　　　　　　　（いずれも筆者撮影）

　また，長期休業を利用して，想定した場所から避難場所への経路を活用したフィールドワークも実施しました。その際，地形図には出ていない道を利用して高台への避難をするグループもあり，新たな発見もできました。

(3) HUGやクロスロードを活用した授業

　HUGやクロスロードといったゲームを体験することで，災害について様々なことを気づかせることができます。

　HUGは静岡県が開発した防災ゲームで，Hinanzyo（避難所），Unei（運営），Game（ゲーム）の頭文字を取ったものです。英語で「抱きしめる」の意味も含んでいます。また，クロスロードは，阪神・淡路大震災後，神戸市役所職員へのインタビューをもとに京都大学の先生を中心に考案された災害対応カードゲームです。クロスロードとは「岐路」「分かれ道」のことで，転じて，決断や判断のしどころを意味します。

　このゲームは，災害時において避難に関する意思決定の困難な状況を素材とすることによって，決定に必要な情報，前提条件についての理解を深めることができます。事例を自らの問題として考え，参加者同士が意見交換をしながら防災について理解を深めるゲームです。今回はクロスロードの実践です。

〈クロスロードの手順〉
　10枚の問題カードとイエス・ノーカード各1枚。プレーヤーは，一人ずつ順番に問題カードを読み上げる。カードが読み上げられるごとに，プレーヤー全員が，グループの他の人たちはどう考えているかを考え，意見を予測する。全員の予測を終えたら，いっせいにイエス・ノーカードを表に向ける。多数派を予測して的中させたプレーヤーに得点が与えられ「青い座布団」を手に入れられる。

　目的は，災害対応を自らの問題として考えること，また様々な意見や価値観

を参加者同士で共有することです。さらに，自分と異なる意見・価値観の存在に気づくことができます。

　授業では，二つのパターンを実施しました。一つ目は市販のクロスロードを使用したもの，二つ目は千葉県の「防災の学び」の拠点校で使用した「もしも学校が避難所になったら」を活用しました。40人のクラスを1グループ5人に分け，8グループで実施しました（奇数の人数での実施が望ましいです）。所要時間は，ルール説明に7分，ゲームの実施に35分，振り返り8分で行います。振り返りの中で，意思決定に難しいと思ったカードを選び，イエス・ノーについて話し合います。
　・問題カードのテーマ
　・Yesの問題点
　・Noの問題点
　生徒がクロスロードを行った中で，立場を替えて，自治体のリーダー，両親，受験生などになった時，Yesの問題点，Noの問題点を話し合うこともできました。最後に，「このゲームの中でのまわりの人の「決断」について意外だったものはどれですか」「それはなぜですか」「他人の意見で，「なるほど」と感心した問題カードはどれですか」などの問いかけをしながら，どのような意見が出されたかなど感想シートに記入します。

〈生徒の感想〉
・自分の考えが友人と違っていることが多かったです。人それぞれ考えることが別だと改めて思いました。
・多数決なので座布団をもらえなくて悔しかったです。自分とは正反対の意見

写真2　クロスロード実施の様子　　　　　　　　　　　　　　　　　　（いずれも筆者撮影）

170　第3章　持続可能な地域づくりと私たち

も聞けました。

・自分がこのような立場に立たされたら冷静に判断できるでしょうか。もしもの時のために備えておくことが大切だと思いました。

・様々な質問があったが，どれも災害時に起こり得ることばかりで，自分なら大丈夫，すぐに決断できる，と思っていたことも意外と迷ったりした。これを周囲の人がパニックになっている状態で，しかも自分の判断に他人の命もかかわっていると思うと，なかなか簡単なことではないんだと改めて思いました。

## 3．まとめ

　ハザードマップを活用した授業においては，生徒たちがより現実的に考察し，検証したりすることができました。ただし，クロスロードの実施は，ゲームだから楽しいという感想も多くあり，さらなる工夫が必要です。ゲームを通して出てきた様々な問題点から，防災の場でしばしばみられる「こちらが立てば，あちらが立たない」というようなジレンマをわがこととして考えさせるのが本来のクロスロードのねらいです。ルールも自在に変更できるので，生徒の興味・関心に応じて，防災について学ぶことが望まれます。

［参考文献］
・岩田貢・山脇正資編（2013）『防災教育のすすめ　災害事例から学ぶ』古今書院
・吉川肇子・矢守克也・杉浦淳吉（2009）『クロスロード・ネクスト　続：ゲームで学ぶリスク・コミュニケーション』ナカニシヤ出版
・「防災読本」編集委員会（2018）『教育現場の防災読本』 京都大学学術出版会
・内閣府（2008）『ぼうさい』2008年11月号
　http://bousai.go.jp/kohou/kouhoubousai/h20/11/special_02_1.html（最終閲覧日：2018年9月20日）

（堀江克浩）

防災③

## 3　生徒と災害の間に心の距離をつくらない防災教育
――地図を通して実感をもたせる授業

### 1．はじめに

　防災についての授業では，生徒に「災害に備える力」「災害が起きた時に対処する力」をもたせることが重要です。そのためには，①自然災害は必ず起こるものであるという意識づけをすること，②災害に関する知識とその被害・対策の現状を知ること，③災害による被害を出さないようにする「防災」と被害を最小限に抑えるようにする「減災」という考えをしっかりと理解をすること，この三つについて段階を踏みながら授業を行う必要があります。

　すべての生徒がこれまでに自然災害による被害を受けた経験があるということであれば，その災害を中心において授業をすることができますが，実際にはそのような状況は少なく，事例をあげて説明することで，逆に災害を自分とはあまり関係のない遠いものとして認識してしまうということも起こり得ます。また，小中学校では「私たちのまち」などのように学区内や学校のある市町村を扱う範囲にできますが，様々な地域や市町村から生徒が集まる高等学校においては，「生徒の生活圏」の範囲をどこまでにするかということに頭を悩ませることになってしまいます。

　そのような中で，生徒に自然災害や防災活動をより身近なものとして実感をしてもらえるように考えて実践した授業を紹介したいと思います。

### 2．準備段階：生徒の災害経験を確認する

　授業の際には，どのような内容を扱う場合でも生徒がどの程度の知識をもっているかを確認するようにしていますが，中でも災害については，中学校の地理や理科でしっかりと習った生徒とそれほど掘り下げずに習った生徒がいるため，もっている知識に特に大きな幅があるように思います。そのため，災害の授業をする際には必ず以下の項目についてアンケート＋問題形式で確認します。厳密なアンケートではないので，まわりの人と話し合わせながら回答させます。

172　第3章　持続可能な地域づくりと私たち

> ①『災害』という言葉を聞いて思い浮かぶ現象をできる限りあげてください。
> ②その中であなたがこれまでに経験したことがある災害は何ですか。
> ③あなたがこれまでに実際に経験した中で最もインパクトの大きかった災害は何でしたか。その時の状況もあわせて詳しく教えてください。
> ④2011年に東日本大震災という大きな災害がありましたが，その犠牲者（死者・行方不明者）は何人だったでしょう。答えなさい。
> ⑤地震はどのようにして起こるのでしょう。メカニズムを図と文章で簡単に説明しなさい。
> ⑥あなたの住んでいる市町村では震度１以上の地震が昨年何回あったでしょう。
> ⑦津波とはどのようなものでしょう。図と文章で簡単に説明してください。

図1　アンケートの内容

　これらの質問をすることによって，生徒の災害の知識やイメージを大まかに掴むことができます。①に関しては，「台風って災害なの？」といった質問があちらこちらで聞こえたり，②や③からは，ハザードマップなどからは見つけられないような思いがけない地域の災害を生徒が教えてくれることもあり，後々の生徒の生活圏で見られる災害の題材として活用することができます。④では，恐ろしい災害というイメージが強いためかものすごい人数を書く生徒もいます。⑤はほとんどの生徒が海溝型地震について図と文章で熱心に説明してくれますが，直下型地震について触れる生徒はほとんどいません。⑥や⑦は後の授業で行う地震と津波の導入に活用することができます。

　実際にやってみると，④〜⑦の問題すべてに正確に答えられる生徒はほとんどいません。大人でも正確に答えるのは難しいかもしれません。この結果をもとに生徒たちの知識量のばらつきを把握していくことが災害を授業で扱う時には非常に重要であり，どの段階から説明をしていく必要があるのか，生徒のもっているイメージをどのように生かしていくか，逆にどのように壊していくかということを具体的に考える助けとなります。また，それを回収して集計やコピーを取った後，すぐに生徒に返却することで，授業内でも活用することができます。

## 3. 地震についての学習

　地震災害の授業では，冒頭で絶対に教科書や地図帳を開かないように約束をします。その後，導入で「市原市（居住地域）では去年１年間でどのくらいの地震があったと思う？」とアンケートの⑥の質問をします。アンケート用紙を再度見

ながら答えさせると,「10回くらい」や「月に2,3回くらいだから30回くらい」という答えが返ってきます。答えは,気象庁のホームページにある「震度データベース検索」で調べることができます。居住地域によって回数は違いますが,正解を教えると予想以上に多いことに大半の生徒が驚きます。さらに日本全体に範囲を広げると,2018年には震度1以上の地震が2179回起こっていることを示したり,防災科学技術研究所のホームページにある「Hi-net自動処理震源マップ」で過去1カ月間の全地震の分布を見せたりすることで,日本が地震大国であることを認識させることができます。

　その後は,4～5人の班をつくらせ,透明シートとシールを使って,日本の地震の震源分布をつくる活動をさせます。本来であれば,GISを使って行うのが最も効果的ですが,学校それぞれでパソコン室の利用に制約があったり,教員自身が使い方に不馴れであったりすることも多いかと思い,簡単に実施できる方法としてシールを使います。また,手を使う作業は生徒自身も楽しんで行うことができる方法でもあります。生徒にはそれぞれ手順とまとめのプリントを配ります。それぞれの班には**写真1**のように,①透明プラ板4枚(B4か,できればA3),②丸型シール(3色×大・中・小・極小4サイズ),③緯線と経線入りの日本地図4枚を配布します。シールは100円ショップなどで購入し,予算的にプラ板や透明シートの購入が厳しい場合は極薄のトレーシングペーパーで代用することもできます。緯線と経線入りの日本地図は手書きで自作したり,インターネットで簡易的なものを探し,加工して作成したりしておきます。③の上に①を左上隅を揃えて重ね,マスキングテープなどで固定して台紙が完成します。

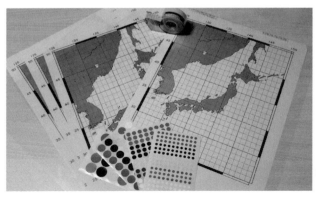

**写真1　各班への配付物**
(筆者撮影)

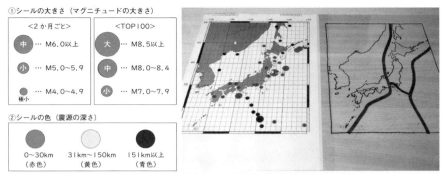

図2　基準　　　　　写真2　完成品とプレート境界プラ板　　(筆者撮影)

　それぞれの班に、「震度データベース検索」で作成しておいた、(1)6カ月分の地震一覧(M4以上・発生順)と(2)大規模地震TOP100(1923年以降・Mが大きい順)の表データを配付し、(1)は2カ月ごとに1枚のプラ板にまとめ、(2)も100件分を1枚のプラ板にすべて貼らせます。貼るシールの大きさや色は図2のような基準にして、最大震度をシールの上に極細の名前ペンで書かせると、まとめでの発見が多くなります。

　あらかじめ気づいたことをプリントにまとめるように伝えてから作業を始めさせると、生徒たちは班でいろいろと話しながら作業を進めていきます。1時間では終わらない場合もあるので、とにかく気づいたことをプリントに書くよう指示します。机間指導をしながら、作業を終えた生徒が出てきた班には、プレートの境界だけを書いたプラ板を配付し、地図とシールを貼ったプラ板の間に挟ませることで、プレートと地震の関係性についても気づかせることができます。また、2カ月ごとのプラ板が3枚ともでき上がった班では、その3枚を重ねることで半年間の地震分布を見ることができます。それぞれの班に別の期間のデータを渡せば、例えば4班で2年分の分布をつくることもできます。さらに、アンケートの⑤の内容を見ながら、大陸プレート内の地震を指でさして、「このパターン(海溝型)でここが震源になることってあるの？」などのように、生徒の気づきの助けとなるような疑問を投げ掛けるとより効果的です。

　気づいたことをまとめさせると、震度とマグニチュード、発生の位置や深さから地震の種類を分類したり、大きな本震と余震、その連続性の関係を見出したりと様々な発見をしてくれます。このまとめをもとにプレートの位置関係や直下型と海溝型の地震のメカニズムなどを学習していきます。

その後は，各自治体のホームページにある「地震の揺れやすさマップ」を見な
がら，各々自分の住む地域の揺れやすさを確認し，揺れやすさ・揺れにくさの要
因を国土地理院のホームページにある土地条件図や埼玉大学の谷研究室の「今
昔マップon the web」などで確認し，まとめさせていきます。

　この授業の中で，災害を扱ううえでの地図の有用性を生徒に実感してもらえ
ると，次から行うハザードマップの授業に入りやすくなります。

## 4. ハザードマップを活用した授業

　この授業では，まず生徒を居住地区ごとに4～5人の班にさせ，居住地域のハ
ザードマップ（できれば洪水などの被害想定範囲の大きいもの）を配ります。ハ
ザードマップは，市役所などの危機管理課や土木課，総合窓口などに行くとも
らうことができます。配付して各々に見せると，教室のあちらこちらで「セー
フ！！」や「マジかよ」という声が聞こえてきます。その後に何を見ていたのかを
聞くと，多くの生徒は自分の家が安全かどうかを確認しています。このように，
ハザードマップが安全確認用に使われてしまっている現状を確認します。さら
に，ハザードマップには緊急避難場所や避難所が書いてあり，それらが主に小
中学校であることを確認し，小中学校が避難所になっている理由はなぜかも考
えさせます。

　次に，東日本大震災前の釜石市の鵜住居地区の地形図を提示します。その後，
岩手県のホームページの「岩手県地震・津波シミュレーション及び被害想定調
査」という震災前に予測されていた津波浸水予測図（図3）を提示して，地形図の
コピーに予想浸水域を塗らせます。その際には必ず地図記号を確認しながら塗
るように指示をしておきます。もし，地形図の用意が難しい場合は，最初から
津波浸水予測図を出しておいてもかまいません。塗り終えたら，もし予想浸水
域に自分の家があったらどこに避難するかも考えさせます。そうすると，多く
の生徒は先ほどのハザードマップの読み取りを参考に，小中学校に避難すると
答えます。

　次は『東日本大震災津波詳細地図』を参考にして実際に浸水した地域を別の色
で塗らせます。この時にも，地図記号に注目しながら被害の状況を想像するよ
うに指示をします。そうすると，生徒たちは「この小学校にも津波きてるじゃ
ん」と先ほど自分が考えた避難場所が浸水していることに驚いたり，「これ，老人
ホームも浸水してるじゃん」「神社とかお寺ってぎりぎり津波きてないよね」な

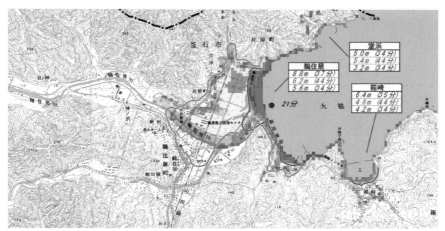

**図3 鵜住居地区の震災前の津波浸水予測図**　　　　　　　　　　　　　　（岩手県提供）

どと地図記号からわかることを見つけ出します。続けて「予想浸水域の境目には何がある？」と質問をし、土堤などがあったことも確認をします。

　この時に、工学者の片田敏孝教授の「ハザードマップを信じるな、自分で危険性を判断しなさい」という言葉を教えます。ハザードマップを見た時に、「自分のところまでは来ない」や「ここまで逃げれば大丈夫だ」という過信をしてしまうという危険性と「条件が異なった場合には被害が大きくなる」というハザードマップの但し書きについて指摘をしますが、その一方でハザードマップを活用していくことの重要性も教えます。ここでは、ハザードマップが役に立たないものであるという感覚をもたせないようにすることに留意する必要があります。またそのために、この鵜住居地区で起こった「釜石の奇跡」についての話をしていきます。

　先ほど生徒が指摘した、浸水した小学校である鵜住居小学校の震災直後の写真を見せます。そうすると、校舎の３階に自動車が突き刺さっているのがわかります。このような状況で、鵜住居小学校の児童とその隣の釜石東中学校の生徒・教員が自らの判断で危険性を判断し、さらに遠方の高台に避難をしたことで全員の命を守ったことを話します。

　一方で、同じ地区で「釜石の悲劇」があったことも話をします。防災の取り組みの一つである避難訓練が悲劇を生んでしまった事例を扱うことで、自らの判断が非常に重要なことを実感してもらうことができます。また、一時避難場所

図4　釜石の奇跡と悲劇
（2012年3月12日付，中日新聞社提供）

と避難所の違いを説明し，新しく地図記号がつくられたことも説明します。

　ここまでの話から，なぜ今回の津波が予想外の被害をもたらしたのかを説明するために，津波と高波の違いや津波のメカニズム，三陸海岸のリアス海岸の話をしていきます。その後，これまでの津波対策や防災の取り組みなどを説明していきます。また，最初の自分の地域のハザードマップに戻ることで，新たな視点から地域を見つめ直すことができます。

　この授業は鵜住居地区だけではなく，他の地域を例にすることもできます。その場合は，インターネットで震災前のハザードマップや各自治体の東日本大震災検証報告書を探すと見つかります。また，震災発生時のその地域のできごとについては，様々な書籍やDVDが出版されていますし，NHKの「東日本大震災アーカイブス」というウェブサイトにたくさんの証言の動画が蓄積されています。

## 5．他教科との連携

　この防災の学習は，他の教科の先生との協力によってさらに内容を深めることができます。例えば，「地理A」と「科学と人間生活」が同じ学年で開講されてい

れば，シラバス上は同じ時期に自然災害の内容を扱うので，メカニズムの説明を「科学と人間生活」で，防災と災害対策を「地理A」で役割分担をしながら実施することもできます。もし理科の先生の中に「地学」を専門とする方がいて協力してもらえれば，より深い理解につながります。前任校では，両科目が同学年で開講されていたため，実際にそのような連携を取ることができました。また，「家庭総合」では，住まいの単元の中で，住まいの災害対策について扱います。その授業においても，家庭内の安全対策を扱ったり，地震の発生の説明のために出前授業を行ったりと役割分担ができます。「保健体育」においても，応急処置の内容の中で災害について触れる先生が多くいます。

　以上のように，地理の中で扱うだけではなく，他の教科とも連携・役割分担をしながら実施すると，生徒の中の防災意識の育成にもつながっていきます。

## 6．おわりに

　防災という分野は知識を覚えること以上に，その知識をもとに考え，活用することが重要です。そのためには，生徒と災害の間に心の距離ができないような実感の伴った授業をしていく必要があります。また，地理という科目を中心に，様々な教科と連携して教科横断的に学習することで，学校の教育活動全体を通して生徒の中の防災意識を育成することが望まれます。

［参考文献］
・鈴木康弘編（2015）『防災・減災につなげるハザードマップの活かし方』岩波書店
・原口強・岩松暉（2013）『東日本大震災津波詳細地図改訂増補版』古今書院
・気象庁「震度データベース」
　https://www.data.jma.go.jp/svd/eqdb/data/shindo/（最終閲覧日：2019年2月16日）
・岩手県「岩手県地震・津波シミュレーション及び被害想定調査」
　http://www2.pref.iwate.jp/~hp010801/tsunami/yosokuzu_index.htm#yosokuzu（最終閲覧日：2019年2月16日）
・NHK「東日本大震災アーカイブス」
　https://www9.nhk.or.jp/archives/311shogen/（最終閲覧日：2019年10月8日）

（飯塚　薫）

▶第2節　生活圏の調査と地域の展望

**ESD①**

# 1　新旧地形図から学校周辺地域の変遷を探る
―生活圏における課題の発見をねらいとした授業

## 1.　はじめに

　本稿では，学校周辺地域を対象とした生活圏学習の一環として,「新旧地形図の読図を通じた地域の変遷」をテーマにした授業を紹介します。学校周辺地域は，本来ならば，生徒にとって自宅周辺地域と同様，身近な空間であるとともに，自身と社会との接点となる場として位置づけられます。しかし，筆者の勤務校(以下，本校)は，東京都や埼玉県との境界に近い松戸市に位置し，通学区域に制約のない私学であるゆえ，市外はもとより県外から通学してくる生徒も多く，学校周辺地域に対する認識は概して希薄です。

　そのような状況の中，生徒たちが授業を通して，学校周辺地域への認識を深めるとともに，地域の特性や課題を発見し，当事者意識をもちながら課題への解決策を考えることで，市民としての自覚のもと，持続可能な地域形成へ向けて社会参画へのきっかけをつくることができたらと考えます。また，地形図の読図作業を通して，地理的な見方・考え方を養うことで，他の地域を学習する際に汎用性をもって地理的事象を把握したり，地理的課題を発見したりすることができたらと考えます。

## 2.　単元構成と身につけてほしい資質・能力

　本稿で紹介する授業テーマは，表１に示すように大単元「フィールドへのいざない」を構成する小単元として位置づけられ,「地理総合」の内容「C 持続可能な地域づくりと私たち」の「(2)生活圏の調査と地域の展望」の一部分に相当します。内容(2)は,「生活圏の調査を基に，地理的な課題の解決に向けた取組や探究する手法などについて理解する」とともに,「生活圏の地理的な課題について，生活圏内や生活圏外との結びつき，地域の成り立ちや変容，持続可能な地域づくりなどに着目して，主題を設定し，課題解決に求められる取組などを多面的・多角的に考察，構想し，表現する」ことをねらいとしていますが，本大単

180　第3章　持続可能な地域づくりと私たち

表1　大単元「フィールドへのいざない」小単元構成(全6時間)

| 小単元<br>(実施時間) | 主な学習内容 | 主な学習方法 | 社会参加へ向けて<br>必要とされる能力 |
|---|---|---|---|
| 1.地域調査レポートを振り返る<br>(1時間) | ・自宅周辺地域の地理的事象<br>・自宅周辺地域の地理的課題 | プレゼンテーション<br>ディスカッション<br>レポートの相互評価 | ・地域を構造的に捉える |
| 2.新旧地形図から学校周辺地域の変遷を探る(2時間) | ・地形図読図の約束事<br>・学校周辺地域の地理的事象<br>・学校周辺地域の地理的課題 | 地形図の読図<br>ワークシート作成 | ・地域を構造的に捉える<br>・地域に潜む問題を発見する |
| 3.学校周辺地域における野外観察<br>(2時間) | ・景観観察のポイント<br>・地形図読図の約束事<br>・学校周辺地域の地理的事象<br>・学校周辺地域の地理的課題 | 野外での景観観察<br>地形図の読図<br>観察結果の記録 | ・地域に潜む問題を発見する<br>・問題の背景・要因を追究する |
| 4.野外観察を振り返る(1時間) | ・本単元で扱った内容全般 | ワークシート作成 | ・地域に潜む問題を発見する<br>・問題の背景・要因を追究する |

元では「歴史総合」との連携も踏まえて，後者のねらいに特に着目し，以下の3点を生徒に身につけてほしい資質・能力として設定しました。

　①自宅周辺地域における地域調査レポートの作成，学校周辺地域における新旧地形図の読図作業や野外観察を通して，地域の現状や歴史的変遷について多角的・多面的に理解を深めるとともに，地形図を読図する技能や景観を観察する技能を身につける(知識及び技能)。

　②自宅周辺地域における地域調査レポートの作成，学校周辺地域における新旧地形図を用いた作業や野外観察を通して，地域が抱えている諸課題を発見し，課題解決や地域の将来展望へのきっかけをつくる(思考・判断・表現など)。

　③自宅周辺地域における地域調査レポートの作成，学校周辺地域における新旧地形図を用いた作業や野外観察を通して，地域への興味・関心を高めるとともに，持続可能な地域社会形成の担い手としての意識を喚起する(学びに向かう力・人間性等)。

　大単元の内容構成を行う際に筆者が心掛けたことは，「主体的，対話的で深い学び」の設定です。具体的には，①地域調査レポートの内容のクラス内での共有，②学校周辺地域の現状や歴史的変遷への理解を深めるための新旧地形図の活用，③学校周辺地域をリアルに捉えるための野外観察の実施，④主体的な学習活動を喚起する発問の設定，⑤考察力と構想力からなる学習プロセスの重視(図1)，⑥毎時間の学習目標の達成を検証するための振り返りの重視，⑦生徒同士の協

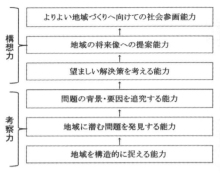

図1　地理教育における社会参加へ向けて必要とされる能力

写真1　グループ学習の様子　　（筆者撮影）

力関係構築のためのグループ学習（写真1）の採用，の7点をあげることができます。

　このような意識をもって授業づくりを行うことで，生徒は意欲的に学習に取り組み，結果的に活発な授業展開が可能になるものと考えます。それとともに，自宅周辺地域はもとより，学校周辺地域を含む松戸市全体への興味・関心を高めることができ，そのことが地域社会で起こる諸課題への当事者意識を喚起し，社会参画へ向けての素地をつくっていくことにもつながっていくものと考えます。

## 3．授業実践の展開

　小単元「新旧地形図から学校周辺地域の変遷を探る」の授業がどのように展開されたのかを以下に示します。なお，本小単元は2時間扱いで，表2に示す学習目標と学習項目で構成されていますが，ここでは，紙幅の都合上，学習項目Ⅰ・Ⅱの授業展開のみを示します。ちなみに，本授業の一部は2年理系の1クラスを対象に2018年9月20日に「地理総合」の部分的実践として，地理教育関係者に対する公開で実施しています。

　まずは，3枚の松戸の新旧地形図を見比べてどのような違いが見られるのか，1947年，1967年，2005年発行の松戸の地形図を読み取り，時代ごとの地域の状況を把握させたうえで，それぞれの地形図を比較しながらそれらの違いについてグループ内で自由に意見を述べさせます。ここでは，地形図がその時々の社会状況を把握するのに格好の学習材であることを伝えたうえで，市街地の発達，

表2　小単元「新旧地形図から学校周辺地域の変遷を探る」学習目標と学習項目

| 学習目標 | ①位置と分布，人間と自然との相互作用，地域などに着目しながら地域の現状や歴史的変遷について多角的・多面的に理解を深める。<br>②学校周辺地域における新旧地形図の読図作業を通して，地形図を読図する技能や景観を観察する技能を身につける。 |
|---|---|
| 学習項目<br>（実施時間） | Ⅰ. 地図から読み取る現在の松戸（0.5時間）<br>Ⅱ. 地図から読み取る70年前の松戸（0.5時間）<br>Ⅲ. 地図から読み取る50年前の松戸（1時間） |

家屋の密集度，土地利用，市東部と西部の開発状況の違いなど読図のポイントをいくつか提示します。そして，戦後70余年間で地域が変貌した理由について，これからの学習で解き明かしていくことを予告します。なお，スクリーン上には，地理院地図と今昔マップで学校周辺地域を示し，自分たちが今いる場所を時空間から把握できるよう配慮します。

　続いて，国土地理院2005年発行の地形図（図2）を用いてグループごとに以下の発問に沿って読図作業を展開します。

　①本校の位置を地図上に記そう。

　②本校周辺のおおよその海抜高度は何mか。

　③本校最寄り駅のJR「北松戸」と新京成「松戸新田」から本校までのルートをたどろう。

　④二つの駅と本校との間の直線距離をそれぞれkmで求めてみよう。

　⑤「北松戸」「稔台」「松飛台」の三つの工業団地の範囲を着色し，なぜ松戸に工場が多いのか考えてみよう。

　⑥「松飛台」と「二十世紀が丘」の地名の由来とは何か。

　⑦「小金原」「常盤平」などの大規模団地が多く存在する理由とは何か。

　①では，本校の位置を他の地理的事象との関係を踏まえながら確認します。②では，本校周辺の海抜高度を，標高点を手がかりに判断させ，等高線間隔を踏まえて本校が台地上に立地していることを確認させます。③では，二つの駅の位置を確認させ，それらと学校との位置関係を把握させたうえで，それぞれの駅から本校までのルートを，通学途中に見かける地理的事象を確認しながらたどらせます。④では，二つの駅と本校間の地図上での長さをそれぞれ定規で測り，縮尺を利用しながらおおよその距離を求めさせます。⑤では，工場が松戸に多い理由を，東京近郊北東部に位置する内陸都市という地理的特性を踏まえて考えさせたうえで，どのような種類の工場が立地しているのかを推測させま

183

す。⑥では，二つの特徴的な地名の由来について，自衛隊駐屯地の存在やこの地発祥の果実(梨)をヒントに考えさせます。⑦では，大規模団地の存在理由を，東京都心との距離や位置関係，鉄道路線との結びつきを踏まえながら考察させます。

最後に，ここまでの学習事項を振り返らせることで，本校の所在する松戸市の地理的特性について，自然・

図2　2005年当時の地形図(2万5000分の1「松戸」)

人文の両側面からトータルな視点で捉えることができるよう，生徒に促します。

次に，地理調査所1947年発行の地形図(図3)を用いてグループごとに以下の発問に沿って読図作業を展開します。

①本校周辺は当時どのような土地利用だったのか。
②当時の土地利用から本校周辺はどのような地形的特徴をもっているのか。
③「常磐線」より西側に水田が広がっている理由とは何か。
④中心市街地が「松戸」駅周辺よりも「江戸川」や「水戸街道」沿いに集中している理由とは何か。
⑤中心市街地で頻繁に起こる可能性のある自然災害とは何か。
⑥台地と低地のおおまかな境界線を緑色の線で引いてみよう。
⑦台地では低地と比較してあまり開発がなされていない理由とは何か。

①では，地図記号より本校周辺は水田や森林が広がり，集落がわずかであったことから，未開拓であったことに気づかせます。②では，等高線をたどるとともに，①で見出した土地利用の特徴から尾根と谷の存在に気づかせるとともに，普段の通学路からもそのような地形的特徴が確認できることを伝えます。③では，江戸川の存在を手がかりに考えさせます。また，「〜新田」という地名が多く見られることから，松戸が近世に開拓された土地であること，当時は江戸幕府の天領であったことから，幕府への年貢の収納を前提に，稲作中心の近郊農業地帯として発展したことを伝えます。④では，松戸が河岸集落，宿場町と

184　第3章　持続可能な地域づくりと私たち

**図3** 1947年当時の地形図（2分5000分の1「松戸」）

して発展し，物資の集散地であったこと，武蔵国と下総国の境界に位置し，川向こうの金町（東京都葛飾区）関所を控えた下総国の玄関口であったことを伝えます。⑤では，中心市街地を含めた松戸市西部が江戸川の形成する氾濫原であることから，どのような自然災害が発生するのかを考えさせます。⑥では，台地と低地の等高線間隔に留意しながら線を引かせます。その際，水戸街道とそれに並行して走る常磐線を境に傾斜の変換が見られることに気づかせます。⑦では，台地の地形の特性について井戸水を供給する地下水脈の位置とのかかわりから考えさせます。

　最後に，本日の授業全体を振り返って気づいたこと，感じたことを，各グループの生徒一人ずつに発表させながら，学校周辺地域の成り立ちや変容について理解させるとともに，持続可能な地域のあり方について，今日との比較のうえで考えていくためのきっかけをつくっていきます。なお，授業内容の補足の意味で，松戸市の概要と歴史的変遷について記したプリント資料を配付し，それを参照しながら松戸の地理的特性について各自で把握しておくよう促します。そして，次回の授業では国土地理院1967年発行の地形図を用いて高度経済成長期から現在に至るまでの変化の様子について学習することを伝え，本授業を終了します。

## 4．生徒の授業への感想から見えてきたこと

　本小単元終了後に生徒から提出された授業の感想のうち，7人の書いたものを以下に示します。

・松戸に住んでいるが，地理的観点から見ると，知らないことがどんどん出てきて，自然と地理に興味が出てきた。地理の本質的な楽しさを知ることができた。

・地名にはその土地の地形が関係し，適当に名づけられている訳ではないことがわかり面白かった。地形によって起こりやすい自然災害が地形図を見るとわかりやすかった。

・自分とゆかりのある地域について情報をしっかり吟味し，これからの自分に生かしていきたい。自分の住んでいる取手（茨城県取手市：筆者）でも，同じようなことをしてみたいと思う。

・地名にはこんなに重要な意味が込められているのだとびっくりした。ご先祖様が地形に関して考えをめぐらせて思いを込めた場所だと伝わる。こういった土地を今の世代や未来の世代でも守っていかなければと思う。

・なんで集落が台地の上にないのか不思議だったが，水源を確保するためだったと知ってとても納得した。自分が将来住む所を決める時は，その地域のことを調べて決めようと思いました。

・昔の地図と今の地図を比べると，時代の流れが地図上に表れていることがわかった。分布を着色してみると，水田が枝状に分布していたことや，路村形態の住宅地があることなどがわかり，地図だけで当時の時代背景が見えてきて，地図の面白さを感じた。

・現在の地図を見てもわからないことは昔の地図を見比べることによって，この地がどのように変化してきたかがわかって，とても面白いと思った。

　生徒の感想を見ていくと，学校周辺地域の成り立ちや変容，そして現状と課題について多角的・多面的に理解を深めることができたようです。また，地名を人々の生活の営み，開発の歴史，自然災害の発生可能性と結びつけて考察することで，そこからESD的な意義を見出している様子を伺うことができます。さらには，自宅のある地域など，他地域との比較研究を試みようとする意欲の高さを伺うことができます。そして何よりも，学習を通して，生活圏の課題をはじめ多くの地理情報を得ることのできる地形図の有用性を再認識するとともに，「地理の本質的な楽しさ」を感じ取ることができたという感想があったことは，授業者の立場からすると大きな収穫であったと感じています。

## 5．まとめ

　本稿では，学校周辺地域を対象とした生活圏学習の一環として，「新旧地形図の読図を通じた地域の変遷」をテーマにした授業を紹介しました。授業では，ある一定の成果を収めることができましたが，一方で，以下のように，多くの課

題も残しました。

①扱う内容が多く，計画通りに授業が進まなかったこと。

②教員側の説明が多く，生徒に課題をじっくり考えさせる時間が取れなかったこと。

③大単元のねらいの一つである「持続可能」の意味を明確にするべきであったこと。

④地形図から読み取れることと，読み取れないことをはっきりさせ，そこからGISの利点を生かした地域学習へと展開するべきであったこと。

⑤地域の変化を経済成長に伴う人口の増加や産業構造の変化と結びつけていくという社会科学的な思考を重視するべきであったこと。

最後に，図1の学習プロセスに示す「考察力の育成から構想力の育成」へ向けた生活圏学習の授業づくりの確立をめざして，筆者自身もさらなる挑戦を続けてまいりたいと思います。すなわち，2022年度から始まる「地理総合」を念頭に，問題解決・政策提言・社会参画を見据えた「ESD型地理授業実践」の確立へ向けての飽くなき挑戦です。

[参考文献]

・泉貴久（2003）「物資の集散地から住宅衛星都市へ―松戸市―」

・寺阪昭信・平岡昭利・元木靖編『関東Ⅰ 地図で読む百年 東京・神奈川・千葉』古今書院，pp.97-102

・泉貴久（2014）「地理教育における社会参加学習の課題―学校周辺地域を対象とした授業実践を手掛かりに―」『中等社会科教育研究』32，pp.81-99，中等社会科教育学会

・国土交通省国土地理院「地理院地図（電子国土Web）」
　https://maps.gsi.go.jp/（最終閲覧日：2019年1月21日）

・谷謙二「今昔マップon the web」
　http://ktgis.net/kjmapw/（最終閲覧日：2019年1月21日）

・渡邉幸三郎（2005）『昭和の松戸誌』崙書房

（泉　貴久）

**ESD②**

## 2　地域の歩みや現状を知り，社会的課題の解決を考える授業
―「おおたかの森公園」問題を考える

### 1．はじめに

　私たちが生きている社会には，大小様々な課題があり，その内容や解決方法は，地域社会から国家間にまたがるものまで空間的な広がりによって異なります。また，同じ地域社会というレベルのものであっても，地域によってその様相には違いがありますから，地域の歩みや現状についてよく知るということは，社会の課題とその解決方法について考えるうえでの前提条件ともいえます。

　さらに，社会を構成する私たち市民も決して一様ではなく，その立場や考え方が人によって大きく異なることも決して珍しくはありません。「持続可能な社会」を形成していくうえで，限られた社会的資源の中で課題解決についての政策決定を行うためには社会の合意が必要であり，行政による一方的な決定には限界があることも明らかでしょう。

　以上のことから，生徒たちが将来直面するかもしれない社会の課題に対して，当事者として主体的にかかわっていくことのできる力を身につけてもらうために，「地理総合」においても必要となる，地形図の読図や地域調査などの技能を用いて学校周辺地域を理解し，実在する地域課題の解決について社会的な合意の形成を目指す授業を構想・実践してみました。

### 2．「おおたかの森公園」問題とは

　具体的な授業内容について述べる前に，本校の校名であり，最寄り駅の一つでもある「流山おおたかの森」駅（東武野田線，つくばエクスプレス）周辺地域の様子について紹介します。東京「秋葉原」～茨城「つくば」間に「つくばエクスプレス（TX）」が開業してから10年以上が経過し，沿線の様子は大きく変わりました。駅周辺にはショッピングセンターや高層マンションが立ち並び（**写真1**），流山市の人口も大きく伸びています。

　一方で，開発の急激な進行とともに，豊かな自然環境が失われつつあること

188　第3章　持続可能な地域づくりと私たち

への懸念にも根強いものがありました。開発予定地周辺には「市野谷の森」と呼ばれる約50haの雑木林がありましたが，1993年に「国内希少野生動植物種」，「準絶滅危惧種」に指定されているオオタカの営巣が確認されたことから，市民が立ち上げた環境保護団体が，森の保護について行政との交渉と提案を続けてきまし

写真1　駅前の公園と高層マンション　　　（筆者撮影）

た。その結果，96年に千葉県は開発予定地の一部を保全し，県立公園として整備していくことを決定しました（写真2）。周辺地域が「おおたかの森」と呼ばれるようになったのは，このような経緯によります。

　しかし，決定から20年以上が経過した今も，公園は着工にすら至っていません。予定地内では森林の一部が伐採されるなど，今後が懸念される事態も発生したため，環境保護団体は2015年に署名活動を行い，流山市の有権者数の1割をこえる15,365名の署名を県に提出し，早期着工を要請しました。ただ，このことに対して一般の市民の関心は高いとはいえず，生徒たちにとっても，予定地は通学電車から見える比較的身近な場所であるはずなのですが，誰もその存在を知りませんでした。

写真2　「おおたか（市野谷）の森」　　　　　　　　　　　（Google Mapsより作成）

## 3. 授業の展開

### 【1時間目】屋上にてクイズ大会

一人1枚ずつ学校周辺の2万5000分の1地形図を配り,屋上へ行きます。10分ほどの間,地形図と見比べながら学校の周辺を観察させてから,「先生が今指をさしている方角は西である」,「学校のまわりはかつて海の底だった」などの質問をし,勝ち抜き方式のクイズ大会を行います。

### 【2時間目】地形図の基礎

縮尺や等高線など,地形図を読むうえでのきまりについて確認します。

### 【3時間目】2500分の1地形図トレース・着色作業

4時間目の巡検に使うために,市役所が発行している2500分の1地形図(コピーを購入することができます)の等高線をなぞり,標高ごとに着色する作業を行います。学校周辺が,台地と低地の入り組んだ地域であることを図上で確認させます。

### 【4時間目】学校周辺を巡検

あらかじめ下見をし,50分で回れる巡検コースを設定しておきます。学校や地域の状況によっては難しいかもしれませんが,実際に歩いてみるのとそうでないのとでは,教育効果がまるで違うと思います。言うまでもなく,指導計画への位置づけ,早めに実施許可を取ること,安全指導の徹底などに配慮する必要があります。前の時間に作成した地図を持って歩き,自分たちが歩いたルートを赤ペンで記録,見聞きしたことをメモします。図上の等高線や記号と土地の様子の関係に注意を払いながら歩き,周辺の地形を立体的にイメージできるようにさせたいものです(写真3)。

ちなみに,本校は台地と低地の境目,台地の中段にあたる狭小地に建てられています。生徒は,台地上の最寄り駅から徒歩で登校する際,一度低地に位置するグラウンドへ坂道を下り,グラウンドの間の通路を横切り,急階段を上って校舎にたどりつきます。この上り下りは,生徒たちには不評ですが,登下校だけでなく,部活のトレーニング「坂ダッシュ」などを通して彼らの学校生活

写真3　巡検の様子　　　　　(筆者撮影)

**図1**　「地形図着色作業」生徒の作品　(左:1952年, 右:2005年発行, 2万5000分の1「流山」)
　森林であった東側の台地や, 台地に入り込んだ谷津が埋め立てられ, 宅地化されていることがわかる。

の場そのものとなっています。他にも, グラウンドの水はけが非常に悪いことなど, 生徒にとって身近な話題を用いて, 授業への興味・関心を引き出したいと思います。

## 【5時間目】新旧地形図の着色作業

　新旧(1952年と2005年) 2種類の2万5000分の1地形図を用意して, 水田を黄色, 畑を茶色, 森林を緑色で着色させ, 時間中に終わらなければ宿題とします(図1)。

## 【6時間目①】新旧地形図の比較

　着色した新旧の地形図を見ながら, その違いについて班ごとに相談した内容を発表してもらいました。「緑が減った」,「家が増えた」,「道路や鉄道の駅が増えた」などの意見を「都市化」というキーワードでまとめ, ここ100年ほどの市の人口, 市域における森林面積の比率の推移について説明し, 周辺地域の開発(都市化)について確認しました。

## 【6時間目②】「おおたかの森公園」問題

　前の時間で着色した2005年版の地形図上で, まとまった緑が残されているところはどこかを問うと, 生徒たちは迷うことなく「おおたかの森公園」を指し示すことができました。そこで, 私が取材をした時に撮影した周辺の写真を見せると, 部活などで走る持久走コースから見えるところにあることからも, すぐにイメージできたようです。

次に，開発を肯定的に報じた「つくばエクスプレス開業10年」(『毎日新聞』2015.8.22）と，進まない公園建設への懸念を報じる「…自然保護団体…署名活動」(『東京新聞』2015.3.6）を比べながら，「おおたかの森公園」問題について説明しました。そして，このような社会の問題については，考え方や立場の違う様々な利害関係者が存在すること，後の授業ではそれを模擬的に体験するためにロールプレイ「『おおたかの森公園』問題を考える協議会」を開催することを伝えます。

　その準備として，利害関係者の役割決めをします。クラスを5人×8班に分け，その中でメンバーに役割を示す1〜5までのカードを渡します。その後，役割ごとに8人×5班に組み替えて着席してもらいますが，この五つの班は，それぞれの利害関係者の集まりということになります。それぞれの立場について説明をしてこの時間は終了です。

　5人の利害関係者と，その立場について示したカードの内容は図2の通りです(2015年8月時点における取材で得た情報をもとに，模式的に作成したものです）。

## 【7時間目】準備会議

　前の時間に決めた役割ごとの8人×5班に分かれて，「協議会」での発言内容について作戦を練ります。【千葉県職員】役の班には県の財政に関する資料，【環境保護NPO】役の班には署名文書，NPO作成のパンフレットなどを渡して，参考にしてもらいました。

## 【8時間目】「おおたかの森公園」問題を考える協議会

　5人×8班に戻り，立場の異なる5人がそれぞれの立場にそって主張を展開することになります。話し合いの様子を見ながら，「AかBか」ではなく，「第三の道をさぐる」ことを目指してみようということ，最後に各グループの合意内容を発表してもらうけれども，合意が成立しなかった場合でもその理由を述べてほしいこと，を伝えました。

　さて，最終的な合意内容ですが，多くのグループで合意が成立せず，結論としてはその困難さを確認するものとなりました。成立したとしても，「募金を集める」，「ボランティアにお願いする」，「住民の合意による特別税をつくる」などの意見が出てきた程度でしたが，この後に述べるように生徒たちは一連の授業から多くのものを感じ取ってくれたようです。

【流山市職員】
公園がつくられる市の職員として，会議を取りしきる。参加者の意見をよく聞いて，「誰か」の意見を丸ごと結論にするのではなく，参加者全員がある程度納得できる「第三の道」を探ろうとする（実際は県と協調して計画を進める立場ですが，授業では司会者役を割りあてました）。

【環境保護NPO】
TXの建設に伴って，自然環境が失われていくことを懸念し，営巣が確認されたオオタカが今後も生息できる自然環境を守るための運動を続けてきた。その結果，県立公園としての森の保全が決まったものの，一向に工事が進まないため，署名活動を起こした。

【千葉県職員】
約20年前に公園をつくることを決定しているが，財政が厳しいため，計画を進めることが難しい。公債費（借金の返済）や福祉，教育にかかる費用は毎年ある程度決まっているため，自由に使える予算は限られている。

【地権者】
公園をつくることを含む都市計画には同意したものの，工事に先立つ土地の買収が進まないため，不安を抱えている。土地の所有にかかる固定資産税による負担も大きいので「いっそのことアパートや駐車場などに転用できればいいのに」と思っている。

【普通の市民】
「遊具とかがたくさんあって，遊べる公園がいいなぁ」，「オオタカも大切だけど，せめて子どもたちが自然観察に入れる程度のものにしてほしい」，「いつまでたっても完成しないのなら，もういいんじゃないの？マンションでも建てたら？」とか，いろいろなことを言う人がいる。

図2　それぞれの立場を示したカード

## 4．生徒たちが考えたこと

　以下，授業後に生徒たちが寄せてくれた感想など（「　」内）を項目別にまとめます。

### (1)地形図の利用

　着色作業や新旧地形図の比較などをすることで，地域の自然・社会的環境の変化に気づき，社会的課題を見出す力を身につけてほしいと思います。「昔の地形図と比べてみると，明らかに緑の範囲が減っていて，(中略)昔のように豊かな自然を守ることは重要なことだと思いました」，「自分が住んでいる場所が昔は水田だったと学んだことは本当にためになりました（低湿地であるために水害に注意する必要があると気づくことができたから）」，「結婚して新しい家に住む時は，しっかりその土地の昔の地形図を見て決めようと思いました」など，地形図を活用することで，日常生活の中で「何となく気づいている」ことを，科学的に捉えている様子が見られます。

193

## (2)地域調査(フィールドワーク)

地形図に苦手意識をもつ多くの生徒にとって,「社会の授業で使う地図は,全然聞いたこともないような土地が多くて,よくわからない」もののようです。そこで,身近な生活の場である学校周辺地域について楽しみながらフィールドワークを行い,地形図と地域の姿を結びつける経験を通して,「身近な地域から調べるだけでもかなり理解できるし,こんな地形もあるとわかり」,「身近で不思議に思うけどあまり気にとめてないようなことを知ることができて楽しかった」などの感想が聞かれました。未知の場所の地形図であったとしても,その様子をイメージできるようになるのではないかと思います。

## (3)話し合い,討論

社会的な話題について真面目に議論をする,という経験のある生徒はほとんどいないと思われます。授業を通して,「自分は話し合いが苦手ですが,話すことはとても大事で面白いということがわかりました」など,その価値に初めて気づいたという声が多く聞かれました。

他にも,「おおたかの森問題はどんな勉強よりもすごく難しい。この問題については模範解答もないし,誰にもわからないからです。(中略)いくら考えてもよい答えが出てきませんでした」,「考えなきゃいけないことがたくさんあって,皆それぞれが納得できるようにしなきゃいけないのはたいへん」など,社会とは,自分と自分とは立場や考え方の異なる他者とでつくっていくものという当然の事実とその困難さについて,また,「その問題を抱えている人たちと同じ立場になって考えるというのは新鮮」,「他の意見を聞いて取り入れようとする意識をもつことも大切」,「こんなに難しいのか,と思いました。国や県の人だって人のために一番よい方法を考えて決めたことなんだと感じました。そこから,どうやったら両者とも Win-Win な結果が出せるのか」など,他者への共感や配慮についても考え,多くのことを学んだようです。

## (4)実在する社会的課題の解決方法を考える

生徒たちは,「自分では地域のことについてよく知っているつもりでも,(中略)ただ地域を見るだけでなく,もう少し視野を広くして地域の問題解決に役立てたら」など,身近な地域に社会的な課題が存在することに気づいたうえで,「そうでない地域にはどのような問題があり,どうやってその問題を解決しているのだろう」,「身近な地域だけでなく,自分の考えがさらに広がるような学習がしたい」など,関心の範囲を広げようとしている様子がうかがえました。

さらに,「森や公園を一つつくるのがこんなにたいへんだと思っていなかった
し,多くの人々がかかわっているということも初めて知ってビックリ」,「高校生
の私には想像もつかないことを大人がやっていると思うとすごい」,「私もその
人たちと一緒に問題,課題の解決に取り組みたい」などと述べた生徒もおり,社
会参画への第一歩ともいえる可能性を感じることもできました。

## 5. おわりに

　ここで紹介した授業は,複数年度にまたがって同じテーマで展開したもので
す。授業時数に余裕があれば(「地理B」4単位で実施した時),NPOの方をお呼
びしたり,実際に「森」を訪れて地権者のお話を伺ったりもしました。社会の中
で実際に課題解決にあたられている方々のお話を直接伺うことは,生徒たちに
とっても貴重な経験となりました。

　社会的合意を形成する方法の一つとして,「コンセンサス会議」があります。こ
れは,一般の市民が解決すべき課題について異なる立場の専門家を招いて話を
聞き,市民だけで話し合い,解決方法や政策決定について結論を出す,という
ものです。私は,これまで地域の社会問題として「東電福島第一原発事故後の放
射能汚染問題」,他地域については,「石巻市大川小学校など震災遺構保存問題」,
「屋久島の観光開発をめぐる問題」,地域課題以外では「遺伝子組み換え食品の
安全性を考える」などの授業実践をこの手法を用いて行ってきましたが,新課程
における「公共」など,他科目においても活用できるものと思われます。

[参考文献]
・NPOさとやま　http://www.nposatoyama.com/（最終閲覧日：2019年1月31日）
・新保國弘（2000）『オオタカの森―都市林「市野谷の森公園」創生への道』崙書房（絶版）
・小林傳司（2011）『トランスサイエンスの時代―科学技術と社会をつなぐ』NTT出版
・山本晴久（2013）「コンセンサス会議の手法を用いた授業―千葉県柏市における放射能
　問題―」坂井他編『現代リスク社会にどう向き合うか―小・中・高校,社会科の実践』,
　pp.336-356,梨の木社
・山本晴久（2014）「遺伝子組み換え食品の安全性を考える」『歴史地理教育』825,pp.32-
　37,歴史教育者協議会
・総務省・文部科学省（2015）「地域課題の見つけ方」『私たちが拓く日本の未来　有権者
　として求められる力を身に付けるために』,pp.44-49

（山本晴久）

**ESD③**

# 3 東京ディズニーランドができるまでとその周辺施設のかかわりの学習

—身近な地域における観光を扱った授業実践例

## 1. はじめに

　この項目ではESDの単元の一つである環境と開発のかかわりについて，身近な地域の変容として東京湾岸での観光施設を取り上げて，授業実践したものを紹介します。この場合のフィールドとなるのはいずれも東京湾岸地域となり，東京ディズニーランド（以下TDLとする）と，その開園まで存在したレジャー施設の代表格となる船橋ヘルスセンター（以下船橋HCとする）および谷津遊園とします。

　TDLを取り上げるのは，ここが生徒にとっては最も興味のある場所の一つであるにもかかわらず，その開業以前が浦安町の埋立地先の漁場というだけの知識に留まる生徒がほとんどであることに起因します。そして，かつて観光の新しい形として君臨した船橋HCと，純粋なライド型アトラクションが充実した谷津遊園の存在が消えて久しくなり，後世に語り継ぎたい思いを授業にしたかったことも動機の一つです。

　今回の授業の大部分の時間は，自分の作成したプリントを教科書代わりとして，その考察や穴埋めの作業を中心に展開し，年表の完成をもって締めくくりとしています。したがって，本稿の内容は本全体の中では「授業実践報告」と銘打ってはいますが，教材研究の方に主眼があることを踏まえて，紹介させていただきたいと思います。

## 2. 授業展開

### (1)第１時：TDL開業以前の代表的な大規模施設（船橋HC，谷津遊園）

　船橋ヘルスセンター（写真1）は遊園地，プール，ボウリング場，ホテル，大風呂，約30カ所もの宴会場などを備え，当時では国内最大のレジャー施設を誇り，劇場では有名芸能人による歌謡ショー，演歌，漫才，落語などが上演されていました。全国から客が来場し，1960年代の最盛期には毎年400〜500万人

196 第3章 持続可能な地域づくりと私たち

写真1　船橋ヘルスセンター
（船橋市視聴覚センター提供）

写真2　谷津遊園
（習志野市教育委員会提供）

の入場者を数えました。この後に全国各地に同種のレジャー施設が次々と生まれ、ブームをつくり出すまでの存在で、大きく人気を博していました。

谷津遊園（写真2）は京成電鉄により1925年に開園した遊園地の老舗で、海上に迫り出したコースターなどライド系アトラクションや、バラ園のメルヘン風な雰囲気が売りでした。船橋HCが家族やグループに人気があったのに対し、谷津遊園はカップルのデートや小学生の遠足先として賑わいました。生徒には以下の課題を与えました。

課題①　これら二つの施設があった当時と今を、下の二つの地図で比較し、土地利用が変わったものをあげてみよう。

課題②　図に見られる京成線の駅の名前はどう変わったか、確認しよう。

課題③　左図にある「谷津町三丁目」の前の海のところは、どう変容したかについて説明しよう。

ここまでの流れは主に土地利用の変化を扱いましたが、テーマパークの概念

図1　浦安の地形図（左：1970年発行、2万5000分の1「習志野」「船橋」、右：電子地形図25000〈2019年10月調製〉）

197

を変えたTDLに関しては，生徒にその計画の経緯や時代背景を捉えさせながら，関連性に注目させる展開としていきます（以下はプリントの抜粋です）。

(2) 第2時─第3時：TDL開園までの物語

① 東京湾岸地域・変容の時代

　1950年代，東京湾岸には漁業で生活をしている人が多くいました。しかし，日本が先進国を目指して発展し，　①　期と呼ばれた時代の中で，河川に流れ込む工場や生活の汚濁した廃水が東京湾の環境を悪化させました。一方で，広大な土地を必要とする工場を誘致するために，千葉県は埋立地を次々と建設しました（　②　など財源確保が目的）。中でも，浦安町（1981年から市）は千葉県でも東京都心に最も近く，新たに造成された土地は様々な活用が議論されました。それは空港，住宅，工場そして遊園地の四つの案などでしたが，まず空港は以前からある羽田空港に近すぎ，ニアミスの危険ゆえに浦安に建設する案は消え，他の三つの案は埋立地にそれぞれのエリアを分けてつくることに決定しました。江戸時代は水産資源の豊かな海だった東京湾の呼び名も，そのころは「　③　」でしたが，もはや漁場としての役割は終えようとしていました。

1948年（漁業中心のころ）　　1971年（舞浜埋立完成翌年）　　1980年（TDL着工の年）

写真3　浦安町の変化

(左：国土地理院，中・右：(株)京葉測量提供)

② 東京湾とゴミ処理場問題

　遊園地を建設するにあたり，浦安町で計画が動き出した1960年前後のころは，日本中が　④　（1964年開催）への準備に沸いていたころでした。そのメイン会場は新宿区の国立競技場や世田谷区の駒沢競技場など，東京湾から離れた地区です。このころの国際空港は　⑤　であったにもかかわらず，なのです（地図帳でそれぞれの場所をチェックする）。

　つまり，東京湾近辺はオリンピック協会やその方面から「ふさわしくない」場

所とされたからだといえます。それは単に東京湾が汚れていただけでなく、東京23区のゴミの処理のほとんどが東京湾岸の ⑥ 区で行われていたのも理由の一つと考えられていました。次々に運ばれるゴミを積んだ清掃車の量の多さが生活の邪魔であることや、ハエの大量発生や悪臭という公害を生じているなどを理由として、その状況に耐えられなくなった ⑥ 区の近隣住民がゴミ処理場の重点場所「 ⑦ （今の新木場）」への道路にバリケードを築き、都の埋立処分場利用延伸への反対および清掃車の大幅な減便を訴えました。

　ゴミを運べなくなった東京各区の清掃事務は悲鳴をあげ、世論はこれを「ゴミ戦争」と称し、1970年代の東京最大の問題となりました。結局は東京の23の区にそれぞれ清掃工場をつくり、なるべくゴミを燃やして量を減らす協力をすることで決着、ゴミ戦争は解決をみました（ここでゴミの分別が始まったわけで、以前は何でもかんでも埋め立てていた）。ようやく東京湾岸の環境もよくなってきたのもこのころだったのです。

ゴミの埋め立ての様子（江東区夢の島）
写真4　当時のゴミ処理に関する光景

江東区近隣住民の決起集会

（江東区広報広聴課提供）

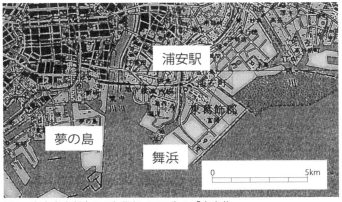

図2　東京東南部（1977年発行、20万分の1「東京」）

※前ページの地図より 夢の島 ～ 舞浜 　の直線距離および 浦安駅 ～ 舞浜 の距離を調べよう。

### ③成田空港と浦安町のかかわり

1966年に新東京国際空港が成田周辺につくられることに決定しました。しかし、東京都心からはおよそ ⑧ キロという遠い距離であったため（地図で調べてみよう）、結ばれる交通は新幹線をつくる他にないと考えられており、そのルートとは東京－浦安－船橋－鎌ヶ谷－印西を通るものでした。しかし、騒音の心配を理由にそれらの住民が反対運動を起こし、国は断念するに至りましたが、本当の理由は「通過するだけなら許さん」ということなので、地元に駅ができれば住民にとっては「それは別の話」となったのです。その3年後の1969年に ⑨ 線が開通し、浦安から東京都心まではたったの15分になり、一気に脚光を浴びる場所となりました（それまで浦安は都心からの公共交通はバスのみで、東京駅まで40分もかかりました）。

しかし、この浦安駅は辛うじて浦安町をかすめる程度の地点にあり（図3を参照）、距離的に住宅地の拡張は浦安駅から3kmのところまでがせいぜいだとされたこともあり、町のはずれとなる ⑩ 埋立地は住宅地よりも遊園地建設の期待が大きくなったのでした（実際に京葉線の ⑩ 駅が1991年にできるまでは、浦安駅からTDLへはバスで20分を要した）。

成田空港は1978年に開港しますが、予定されていた新幹線は幻となりました。しかし、そのルートの一部に高速道路（ ⑪ 湾岸線と東関東自動車道）が都心と成田をつなぐ動脈として開通、浦安はその通り道となったため、東京とのアクセスが大きく向上したのでした。

### ④浦安町とTDLのかかわり

日本進出を決めたディズニープロダクション側は建設地を「景色がディズニーの雰囲気に合うところ（近くに高層ビルがないなど）」「広い土地が得られる」など条件として、 ⑫ 近くの御殿場や清水市周辺を第一候補と見立てますが、これは ⑫ がもつ知名度ゆえでした。成田空港開港後に国際便が羽田から成田にシフトしたのは1978年で、TDLの開園は5年後の1983年。もし御殿場に建設されていたら、成田からは3時間はかかるので、プロダクションのスタッフはさぞたいへんだったでしょうが、この状況において、すでに遊園地誘致を決定した浦安町が交渉をもちかけます。

1974年、 ⑬ がTDLを経営することで決定後、1980年に建設着工、3年後

200 第3章 持続可能な地域づくりと私たち

に完成となりました。その誘致場所の広大な土地は，千葉県または浦安市がカネを出した……ではないのです。その莫大な費用は　⑬　の親会社の三井不動産などが負担したのですが，造成された土地は千葉県のものとなります（もとの海だった場所は千葉の管理区域だから）。三井は埋立地造成のために必要な工事費用と，漁師に支払われた　⑭　との両方を負担する代わりに，千葉県からの払い下げという形で浦安の埋立地での「地主」になったのです。

　そして，払い下げ価格の数十倍の値段をつけて他の不動産会社に転売し，埋立時の費用などの負担額を回収するどころか，それをこえる利益を得たのです。そして，千葉県側も　②　や住民税などの恩恵を受けることとなりました。

## ⑤TDL開園と，その周辺の環境変化

　かつて，船橋近辺には　⑮　遊園という京成電鉄（三井不動産と共同出資による　⑬　の親会社）が経営していた関東有数の大きな遊園地がありましたが，1982年に閉園となりました。これにより，TDLのスタッフは都合よく，　⑮　遊園からの異動で賄うこととなり，キャストと呼ばれるアルバイトの指導に向けられました。

　これ以外にも浦安沖での潮干狩り場や水鳥の生息場所となる　⑯　が埋め立てられ，この周辺から消滅しかけています。しかし，「　⑮　，　⑯　」という場所はわずかに残された聖域であり，環境保全のためには保護が絶対必要であるとされています（1993年，　⑰　条約登録地となる）。また，TDLに隣接する葛西臨海公園（TDL開園の6年後の1989年開園）にも埋立地先に人工の　⑯　が造成され，東京湾の昔の雰囲気を感じさせる場所となりました。

　こうした東京湾の自然が復活することで湾岸地域のイメージも向上し，「新浦安」や「豊洲」「有明」など湾岸地域に高級住宅街とされる街もあらわれるほどになりました。もし，東京湾が汚れた状況のままで，　⑥　区のゴミ戦争が解決されずに公害が残っていれば，TDLも成功しなかったかもしれません。

　このように東京湾の環境の変化は，この地域の観光に大きな影響を与え続け，これからもその状況が変わることはないでしょう。（以上，本文終了）

　※続いて，次の年表をまとめとして答えを完成させる，まとめのプリントへ

---

解答　①高度経済成長　②固定資産税　③江戸前　④東京オリンピック　⑤羽田空港　⑥江東　⑦夢の島　⑧60　⑨地下鉄東西　⑩舞浜　⑪首都高速　⑫富士山　⑬オリエンタルランド　⑭補償金　⑮谷津　⑯干潟　⑰ラムサール

**東京ディズニーランドとその周辺施設にかかわる年表**

| 1925 | [ ① ] (京成遊園地)開園 |
|---|---|
| 1955 | [ ② ]開園 |
| 1964 | [ ③ ]開催<br>浦安埋立地事業開始 |
| 1966 | 新東京国際空港建設決定(後に[ ④ ]空港に改称) |
| 1969 | [ ⑤ ]開通 |
| 1970 | 浦安[ ⑥ ]地区埋立完成<br>浦安町の人口が2万人をこえる |
| 1971 | [ ⑦ ]の処理場で近隣住民がバリケードを築き,抗議活動を実施→東京都知事がゴミ戦争宣言 |
| 1974 | アメリカのディズニープロダクションが,ランドの日本での経営を株式会社[ ⑧ ]に,建設場所を浦安に決定 |
| 1977 | [ ② ]閉園 |
| 1978 | [ ④ ]空港開港<br>首都高速湾岸線開通 |
| 1980 | 千葉県「東京ディズニーランド実施計画」の認可,建設着工 |
| 1981 | [ ② ]の閉園跡地に[ ⑨ ]開業<br>浦安町が市に昇格(この時の人口は65662人) |
| 1982 | [ ① ]閉園 |
| 1983 | 東京ディズニーランド開園 |
| 1988 | 国鉄[ ⑩ ]線[ ⑥ ]駅が開業,TDL最寄駅となり,これで[ ⑤ ]浦安駅からのメインのバス輸送が終了 |
| 1989 | 東京都江戸川区の埋立地に[ ⑪ ]が開園,その最寄駅は[ ⑥ ]駅の隣駅となり,<br>[ ⑩ ]線はリゾートライン化を強める |
| 1993 | 谷津干潟がラムサール条約に登録される |
| 2001 | 東京ディズニーシー開園 |
| 2011 | 東日本大震災で浦安市域の80%が[ ⑫ ]による被災 |
| 2018 | 浦安市人口16万9千人 |

| 解答 | ①谷津遊園　②船橋ヘルスセンター　③東京オリンピック　④成田<br>⑤地下鉄東西線　⑥舞浜　⑦江東区夢の島　⑧オリエンタルランド<br>⑨ららぽーとショッピングセンター　⑩京葉　⑪葛西臨海公園　⑫液状化現象 |
|---|---|

202　第3章　持続可能な地域づくりと私たち

## 3. おわりに

環境と開発にかかわる学習のポイントは，これまで取り上げた身近な環境の中での次の三つとします。

①夢の島をめぐる「ゴミ戦争」と東京湾岸の環境変化がTDL誘致にかかわったこと

②都心と成田空港間のアクセスが目的だった高速湾岸線開通という外的要因がTDL成功にはたらいたこと

③かつて存在した谷津遊園の経営が人事面などでTDLの起ち上げに生かされたこと

特に夢の島のゴミ戦争の項においては，地域の関連性では見過ごせるものではなかっただろうし，この解決なしではディズニープロダクションの評価は変わっていたかもしれません。これらは東京の「陰」の事象とはいえ，船橋HCや谷津遊園同様，記録として残しておくべきと思います（本来はもう一つの公害のかかわりとして水質汚濁の「本州製紙工場事件（1958年）」も取り上げるべきなのですが，やむなく割愛しました（詳しくは浦安市ＨＰ参照）。

また，これまでのTDLの成功が東京湾岸のイメージの向上につながり，前回のオリンピックでは「無視」されていた「価値」が見直されることで，2020年大会の拠点となったともいえます。同時に東京湾岸の観光の力は，これから真価が問われることになるわけです。そこで訪日外国人観光客の予想以上の増加などによるゴミ問題が再び起こるかもしれません（今度は中央防波堤処分場の限界までの時限が短くなる心配など）。これらについて生徒に調べさせるのも，開発と環境の変化による観光客増加のメリット，デメリットの考察につなげられれば，と思う次第です。


[参考文献]
・オリエンタルランド「OLCの沿革・歴史」　http://www.olc.co.jp/ja/company/history.html（最終閲覧日：2019年2月14日）
・江東区「早わかりKOTO CITY　1971年 東京都知事による「ごみ戦争」宣言」
・https://www.city.koto.lg.jp/skoto/kotocity/gomi.html（最終閲覧日：2019年2月14日）
・小宮和行（1989）『東京ディズニーランド驚異の経営マジック』講談社
・千葉県（2009）『千葉県の歴史　通史編　近現代3』県史シリーズ8


（白石知之）

**地域調査①**

# 4 身近な地域を理解するための方法

―生徒を動かし，考えさせる実践

## 1．はじめに

「地理総合」の「C　持続可能な地域づくりと私たち」の「（2）生活圏の調査と地域の展望」の項目の中に，地域調査の項目があてはまります。

地域調査は，生徒が主体的に動くアクティブ・ラーニングにも通じる学習ができます。多くの実践例がある一方で，様々な制約から取り組みにくい部分もありますが，地理の面白さややりがいを感じることができる単元です。

地域調査は，条件や制約によっていくつかの段階や方法があるともいえます。学校の事情や生徒の状況もあるので，現場に見合った方法でよいと思います。

## 2．地域調査を実施するいくつかの方法

### (1)屋上から学校周辺の地域を展望する

学校の屋上に上がることができれば，そこから学校周辺の地域の様子を展望できます。地形図を見ながら，地域を俯瞰して地域の実際と地図を照合すると地図学習にもなります。生徒に実際に見えるものは何かを問いかけたり，地図の上でどのようになっているかを照合するとより深い学習になります。教員側からすぐに説明するのもよいのですが，しばらく時間を与えて生徒に屋上から展望させ，自由な感想やお互いの意見交換をさせた後，発問したり説明すると生徒の主体的な学習につながると思います。

### (2)教室で地図を照合しながら，地域の映像を見せる

学校外に出にくい場合や，出かけた前後の予習や復習として使えます。教員が作成した自作の映像やネットなどから撮った映像，役所や役場その他の公的機関から入手した図表などのデータを編集して，見せることで現実感を伴った考察ができます。昔は，スライドやOHP（オーバーヘッドプロジェクター），ビデオなどを利用していた部分が，今日ではパソコンで利用でき，いろいろな編集スタイルをとることができるようになりましたので，活用するとより地域へ

204　第3章　持続可能な地域づくりと私たち

の理解が深まるでしょう。場合によっては，役所や地域で入手できる資料や地図などの現物を見せたり回覧するとより現実味が増します。

## (3) 自分の地域を調べる

　夏休みや冬休みなど長期休業の時期を利用した課題で，自分の住んでいる地域，場合によっては帰省先や旅行先などの地域を調べる課題を出す方法もあります。その際，後述するように資料や地図を手に入れる方法，調べ方，場合によっては聞き取りの手法などを事前に指示しておくとよいでしょう。

## (4) 学校周辺を歩く

　地理でいう「巡検」，フィールドワークです。校外に出かけるため，時間や交通事情，学校の理解などの制約がありますが，実際に現地を見るという大きな利点と効果があります。あらかじめ，下見をしたり必要な資料を用意して，生徒にも事前学習を行っておきましょう。基本的には，案内者である教員が現地で説明する形が多くなりますが，時間が許せば現地で生徒に考えさせるような発問をすると生徒の主体的な取り組みにつながります。

　終了後は，感想も含む簡単なレポートを提出させ，これによって生徒の学んだことや感じたこと，案内者の意図や目的がどの程度達成されたかもわかります。もし，同じコースで行うとすれば，次回の改善につながります。

　生徒にとって身近な地域とは，生まれ育った所，現在住んでいる所，よく出かける所，学校周辺などが考えられます。親の帰省先も入るかもしれません。

　このような地域への関心をもつことが先決です。身近な地域は，よく知っている場所，なじみのある場所だけに，そこから地域的特色を見出すのはかえって気づきにくいかもしれません。しかし，そこから地域的な特色や地域の見方を学ぶことができれば，その手法や考え方は，日本はもとより世界各地の地域を知る手がかりになるといえます。その視点で，この単元を見ると大きく視野が広がる可能性のある分野です。


## 3. 資料の入手

　地域調査に使える資料としては，その地域を扱った論文や文献があればこれらを利用できますが，ほぼ確実に入手できる資料としては，千葉県や市町村にある行政の資料があります。市町村単位で見ると，市勢要覧や町(村)勢要覧，これらに含まれている場合もありますが統計書のほか，都市計画図，大縮尺の地図などで，地図は1万分の1，5000分の1，2500分の1などの地図があります。

205

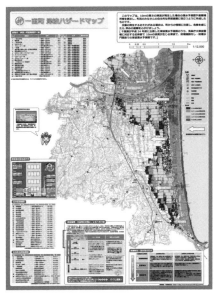

写真2　一宮町町勢要覧(左)と統計もばら(中)一宮町文化財保存用計画案(右)

写真1　一宮町津波ハザードマップ
2014(平成26)年発行

(一宮町提供)

　これらの大縮尺の地図は，国土地理院が発行している2万5000分の1や5万分の1地形図に比べ，地域内をより詳細に知ることができ，1軒ずつの建物の形や細かな道路，微地形もわかる利点があります。市町村内全部となると多くの枚数が必要になりますが，必要な地域だけ手に入れれば使えます。多くの場合，その市町村のエリア(行政域)だけの発行になりますので，隣接市町村の部分は表現されていないので使いにくい場合もありますが，対象市町村の資料としては十分です。目的によっては，ハザードマップ(写真1)や都市計画図なども使えます。

　要覧(写真2)も地図も，毎年発行しているわけではないので，いつ発行のものなのかには注意する必要がありますが，平日であれば役所，役場の担当窓口で購入できます。基礎資料として用意しておくとよいでしょう。その市町村で『市町村史』が発行されていればそれも使えます。この他，目的によっては観光パンフレットやイラストマップも使える場合があります。

　歴史的な資料としては，千葉県の場合は，大正末期から昭和初期にかけて松井天山という画家が描いた千葉県内の主な街の鳥瞰図を使うこともできます。当時の市街地を形成していた商店街を中心に全県の各地26カ所で発行されています。また，県内の公私立高校にはほぼ20年程前に千葉県が発行した千葉県史

206　第3章　持続可能な地域づくりと私たち

シリーズの51巻が寄贈されています。図書室や社会科準備室などに保存されているはずですが，特に「地誌編」が歴史とは別編として3巻編纂されていますので，少しデータは古くなりますが利用できます。特に第2巻は，当時の県内80市町村のすべての自治体が記載されています。その後の「平成の合併」で消滅した町村もありますので，逆に貴重な資料になっています。

## 4．フィールドワークの授業実践

　筆者がこれまで勤務した学校の中で，何校か授業中に実践したフィールドワークの事例です。1990年代に11年間勤務した国府台高校（市川市），2001年から2004年まで勤務した柏井高校（千葉市花見川区），2005年から9年間勤務した一宮商業高校（長生郡一宮町）では，それぞれ毎年実践しました。

### (1)フィールドワーク実施の準備や資料

　上述の各種資料や地図を入手したうえ，現地の下見を行って，所要時間，立ち止まって説明する場所，交通事情，注意すべき箇所などを確認しておきましょう。事前，当日に配付する資料としては，地図やコース図，説明で使う資料，提出レポート用に書き込みができるシートなどをあらかじめ印刷しておきます。

### (2)国府台高校での実践

　国府台高校の前半では，地理の授業は2年生の一部が選択する形で，選択者は毎年10名前後でしたので，発表学習を取り入れましたが，その他に学校周辺を歩く巡検を取り入れました。後半の1997年度からは，学習指導要領が新しくなり，地理は3年生で，日本史Bか地理Bの選択必修（世界史必修の改訂の時です）となり，選択者は1時間の授業で40名前後となりました。どちらも選択のため，2時間続きにすることはできず，1時間＝50分の中での実施となりましたが，前半は少人数，後半は多人数の違いがありました。幸いにも学校周辺には見どころが多くフィールドに恵まれていたうえ，この時期には市川市から使えそうな資料や地図を入手したり，あるいは周辺を歩く機会に恵まれ，多くの材料を入手できました（図1）。特に市川緑の市民フォーラムの取り組みや実践からは多くの学ぶ機会がありました。

　コースは四つほどつくりました。

### ①里見公園コース

　学校の北側にある里見公園は，市川市の代表的な公園で桜の名所。生徒に

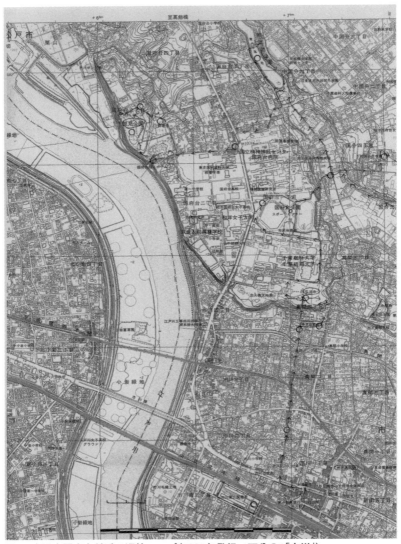

**図1 市川市国府台付近の巡検マップ（1995年発行, 1万分の1「市川」）**

とってもなじみ深い場所です。江戸川に向かう下総台地の西端にあり，園内には多くの史跡があり，人工地形ですが市川市の最高点30.1mもこの場所にあります。公園につながる参道の入り口には，国府台村の四つの境を守る「辻切りのヘビ」という藁のヘビも見ることができ，民俗的な要素と地域のつながりも見ら

れます。公園の西の端からは江戸川の対岸に東京下町の景観を望むこともでき，晴れていれば丹沢から秩父連山，さらに富士山も見ることができます。

② 弘法寺コース

　学校の南東部，台地の南側にある台地上の弘法寺と台地の下の低地にある「真間の手古奈」で有名な手児奈霊堂を見る歴史的，文学的要素の多いコースで，台地の上と下を実際に歩いて地形的な違いを体験することもできます。弘法寺の長い階段を上ることで，下総台地と低地の違いを体験し，寺に上がってからは市川から船橋方面にかけての低地の景観を展望することもでき

写真3　市川駅そばアイリンクタウンから北側の国府台の展望（手前が市川の低地，奥が国府台の台地）
(筆者撮影)

ます（写真3）。戦前は，軍用地であった国府台の変遷としてスポーツセンターや千葉商科大学，和洋女子大学，東京医科歯科大学，国府台高校，筑波大学附属聴覚特別支援学校，和洋国府台女子高校など学園地帯に変わったことを見ることで，土地利用の変遷を理解することができます。

③ じゅん菜池コース

　学校の北東部，平川の谷頭にあった国分沼を戦後整備して都市公園としたじゅん菜池まで往復するコース。学校の東側にある運動公園に行き，ここから市川～船橋に続く市街地の景観を展望して，台地から平川の谷津に入ります。この谷津はもともとはじゅん菜池から流れ出る川がつくった低地で水田であったところの多くが今は宅地化して，川も暗渠になっています。宅地の間には畑や果樹園になった農地があり，生産緑地の指定を受けていますので，この制度の説明もします。じゅん菜池では，地形と関連して都市公園としての整備，戦前は軍事訓練の場になっていたことなどの説明をします。

④ 国分寺，国分尼寺跡コース

学校の東部にあり，学校のある台地の一つ東よりの台地にあるため，距離的にやや遠く，年によっては実施できない年もありました。下総の国府（国衙）が置かれたこの付近には国府の跡地は確定できないものの，国分寺は，規模は変わりながらも現存し，国分尼寺は跡地が史跡として保存されています。この台地に行くためには平川の谷津を横断するため，③のコースとも一部が同じになるので確認しながら進みます。台地上には，この他に庚申塔もあるため，民俗的な話もできます。

## (3) 柏井高校での実践

千葉市花見川区にある学校ですが，八千代市と隣接し最寄り駅の京成本線「京成大和田」と「八千代台」はいずれも八千代市内にある駅です。都市部ではありますが，農村的な景観も周囲に残る環境です。ここでは，選択の授業ではなかったので，時間割変更をして2時間続きにして，学校周辺のコースをつくりました。

柏井高校は，森の中にある学校ともいえ，北側には老舗のゴルフ場である鷹之台ゴルフ場が隣接しています。コースは，正門を出て通学路を横断して南側に進みます。千葉市方面から「京成大和田」駅方面に通じる道路から分かれた通学路は，長さ400mほどですが行き止まりの学校のため，全員がここを通って通学しています。しかし，この道路からはずれたこのコースは，通常ほとんど使わず生徒の多くは卒業まで1回も通ることなく終わる可能性のあるルートです。学校から離れると土日に利用する野球場やテニスコートがあり，この場所を通過していくと，やがて畑や農家が多い民家のあるところに出ます。生徒にとってみれば，京成線の駅から学校に至るルートの都市化した光景とは異なるものが見られ，昔の柏井付近を知るにはよい場所といえます。途中には水天宮があり，畑で耕作している住民の姿を見ることもできます。柏井橋まで歩くと花見川のそばに出ることができます。このあたりは印旛沼干拓で東京湾側に水を流すため台地を開削したことで，深山幽谷の観すらある渓谷美が見られます。

## (4) 一宮商業高校での実践

一宮商業高校は，外房線「上総一ノ宮」駅から徒歩で10分ほど，市街地の西側に位置していますが，九十九里平野の西の端にあたる場所に位置し敷地の中に太東岬へ続く丘陵が食い込む形であり，標高はちょうど10m。北と東に九十九里平野が望め，すぐ東側には上総の国一宮である玉前神社が，やや小高い丘の上にあります。一宮商業では，赴任した年以来毎年実施していたのが，学校の南

側太東岬へ続く丘陵地帯へ上がって，一宮小学校の西側にある「城山」に上がってここから九十九里平野を展望し，市街地へ降りて学校へ戻って来るコースです。城下町としての一宮の構造を知ることもできます。

　９年間の在任中に，最後の２年間は一宮川沿いのコースを加えました。「上総一ノ宮」駅のすぐ北で鉄道は一宮川を渡りますが，それまで鉄橋の下をくぐって東西を結ぶ道はありませんでした。しかし，鉄道の改修工事に伴って鉄橋の下をくぐる道ができましたので，このコースを取り入れました。西側（川の上流側）の線路の脇には2005年まで海岸部の海水浴場入口とを結んで夏の期間だけ運航されていた観光船（通称ポンポン船）の乗り場がありました。ここから50mほど下流側に歩くと鉄橋と並行して車は通れない新生橋があります。このすぐ南側にはポンプ場があり，この説明をした後，国道の一宮橋から右岸沿いに歩いてきた道から左岸側（北側）に渡ります。ここから左岸沿いに歩いて国道の一宮橋に戻りますが，左手の川の中には左岸に近い側に中州が形成されています。この中州は川の拡幅工事にあたって土地所有の関連から撤去できないという問題があります。このことを新聞記事と関連させて解説し，国道に出た後は元来た道をたどって学校へ戻ります。どちらのコースも，生徒はワークシートにわかったことを記入しながら確認していきます。

## 5．まとめ

　学校周辺の巡検の後に，簡単なレポートを提出させ，感想を読むと多くの場合「今まで何気なく通っていたが，このような由緒があるところだとは知らなかった。」「地域を見る時に，このような見方ができるのかを知った」とか「こんな歴史や生活とのつながりがあるのか」といった感想が見られます。地域を見て，そこから地域の特色や生活を考察する姿勢を養うのは大きな意味があり，その際に地図を使ったり，統計などの資料から考察できる力を養うことは，地理の力だけではなく，生きる力や生活力をつけることにもつながります。

[参考文献]
・竹内裕一・加賀美雅弘編（2009）：『身近な地域を調べる　東京学芸大学地理学会シリーズ　1巻』古今書院
・千葉県（1999）：『千葉県の歴史　別編　地誌2（地域誌）』県史シリーズ37
・東京地理教育研究会（2017）『東京を歩く　第三集』

（関　信夫）

地域調査②

# 5　学校を中心とした身近な地域の調査

―生徒の通学ルートを活用した調査の実践

## 1．はじめに

　地域調査は「地理総合」において，「C　持続可能な地域づくりと私たち」「（2）生活圏の調査と地域の展望」の中に位置づけられています。また，「解説」には「生活圏の地理的な課題について，生活圏内や生活圏外との結びつき，地域の成り立ちや変容，持続可能な地域づくりなどに着目して，主題を設定し，課題解決に求められる取組などを多面的・多角的に考察，構想し，表現すること」とあります。学習指導要領が改訂されても，地域調査は地理学習の大切な柱であることは変わりません。地域調査は実際にその場に赴いて行われる体験的な授業であり，生徒自身の新しい発見により地理的な興味・関心が深まる効果的な授業です。

　しかしながら，身近な地域とはいえ，限られた授業時間の中で実践するのはやはりたいへんであることも事実です。そこで，生徒の登下校時を利用して情報を持ち寄り，生徒たちが地図を囲んで多面的に考察すれば，地域像を浮き彫りにさせることができるのではと考えました。誰かの通学途上の発見を，自分の通学ルートで探してみたり，また，そこから新たな発見をしたりすれば，「生活圏の調査」も幅が広がっていくのではと考えます。

　なお，この実践は佐倉市を対象地域とし，生徒は2年生の地理B選択者で，1講座あたり14〜18名の生徒で実施しています。

## 2．地域の特徴を考えてみる

　調査を始める前に，3〜4人のグループをつくり，学校周辺（今回はJR総武本線「佐倉」駅と京成本線「京成佐倉」駅の間を中心に対象地域を設定しました）の①自然環境，②集落，③産業について，知っていること，気づいていることをあげてもらいました。グループに一枚ずつ対象地域の地形図を配付し，地形図上で確認をしながら進めます。佐倉市内に住んでいる生徒からは，次々と地域

212　第3章　持続可能な地域づくりと私たち

の特徴が出てきますが，市外から通学している生徒にとっては，なかなか難しいようです。市外のみの生徒で構成されたグループは，ほぼ沈黙してしまう状況になってしまったので，居住地を考慮してグループをつくり替えるとスムーズに意見が出るようになりました。地域の状況をよく知っている市内の生徒には，市外の生徒にも位置関係や周囲の様子がわかるように説明をしながら意見を出すようにしてもらいます。

---

**生徒が感じている地域の特徴**
①自然環境
・坂道が多い（暗い坂道が多い）　・川が多い　・森林が多く残っている
・駅は低地にあり，町は台地上にある　・内陸なので寒い　・印旛沼が近い
②集落
・城下町である　・寺や神社が多い　・駅周辺に新しい住宅が多い
・いなかっぽいところに古い家がある　・道がくねくね曲がっている
・城跡が市街地の端にある
③産業
・田んぼや畑が多い　・博物館や美術館がいくつかある　・工業団地もある
・駅の近くに牛を飼っている農家がある　・味噌をつくっている
・スーパーなどの店が集中している地区がある　・駅前に店が少ない
・城下町ということが産業につながっている

---

いろいろ出ましたが，この時点では何を中心に地域調査を行うかは見えてきません。また，現地を見ていないので何のことなのかさっぱりわからない生徒もいます。そこで，地域をより深く理解し，地域調査の方向性を決めるために，実際に見てきてもらうことにします。ただし，前述のように授業時間内での実施は困難であるため，登下校時の通学ルートを活用します。

## 3．通学途上での発見

　生徒には，登下校時の通学ルートを中心に特徴的なことや気づいたこと，疑問に思ったことを報告するよう指示します。その際，報告やその後の検証をしやすくするために，以下のように調査のポイントを通学ルート別に生徒に示し

---

①「京成佐倉」駅を利用する生徒：京成本線はどのような地形のところを走っているか。
　　駅と学校の位置関係と駅前の特徴。
②JR「佐倉」駅を利用する生徒：JR「佐倉」駅前の特徴。駅から学校までの地形の様子。
　　「新町」周辺の様子。
③自転車などで通学する生徒：自宅から学校までの地形の特徴。商業施設の分布と特徴。

ます。

　また，その事象が写真撮影可能なものならば記録してくるように指示します。

　右の地図（図1）は授業後に生徒が作成したものです（活字は筆者が修正加筆しています）。二つの駅と学校の位置関係や台地を含めた地形の様子を理解し，図化できています。なお，「新町」とはJR「佐倉」駅から学校までの間にあり，古い商店が軒を連ねる地域です。城跡を含めた新町周辺は台地の上に発達しており，駅からは必ず坂を登ることになります。

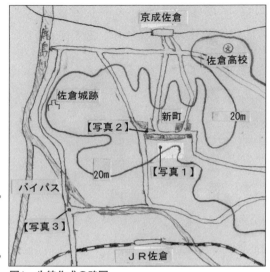

図1　生徒作成の略図

## 4．集めた情報を地形図上にまとめる

　生徒が集めた情報をまとめます。対象地域の地形図を拡大コピーしたものと付箋(ふせん)（今回は赤丸や矢印の入った透明な付箋を用意しました）を各グループに配付します。グループは生徒の通学ルートがなるべく重複しないよう配慮して構成しました。まずは付箋に事象を記入し，グループ内でお互いに説明しながら地形図に貼りつけます。写真を撮影することができた生徒は，その写真を提示しながら説明をします。それぞれが収集してきた事象を共有し，地域の様子を把握していきます(図2)。

　グループでの活動が一段落したら前に出てきてもらい全体に発表させます。この時，前時であげた地域の特徴と関連づけます。さらに「なぜそうなっているのか」「なぜそこにあるのか」などの問いと仮説を立てさせます。次ページの表1は生徒の発表内容です。

　生徒たちの発表から，市外から通学する生徒たちも含め，地域の様子を共有することができ，理解を深めたようです。今回は，ここで地域調査のテーマを

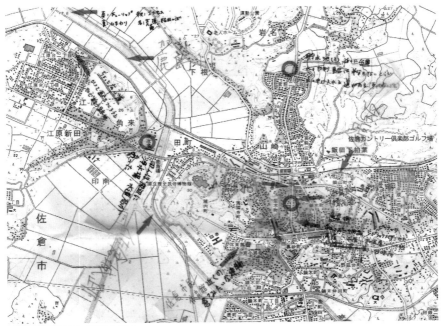

図2 地形図上に付箋を貼る

「佐倉の地形と新旧市街地の様子」にしぼりました。これは生徒たちの「佐倉が城下町だという前提は外せない」という意見と「なぜこんなに駅前が寂しいのか,もっと商業施設が「京成佐倉」の駅前にあってもいいのに」という疑問の声が強くあったことから,自然と決まりました。

表1 事象と仮説

| 事 象 | 仮 説 |
| --- | --- |
| ①新町周辺は道が狭い。また,古い商店が多い。 | ・もともと城下町だったので,古くから商店などが発達した場所なのでは。 |
| ②新町の手前に狭くて暗い坂道がある。 | ・新町は台地の上にあるので鉄道が通っている低地からはどうしても坂道になってしまう。 |
| ③新しい住宅地が多い。 | ・都心まで電車1本で行ける便利な地域だから。 |
| ④朝の駅前には,企業のバスがたくさん停まっている。 | ・駅から遠い工業団地などに通勤するため。 |
| ⑤JR「佐倉」駅西側には大きな店が多い。 | ・新しい住宅地が多いので来客が見込め,まわりも田んぼで土地が広く取れたのでは。 |

## 5. 教室内で仮説を検証する

次に，前述の仮説①〜⑤を各グループに一つずつ分担してもらい，検証し，結果を発表してもらいます。①については，新旧の地形図（今回は昭和31年のものを利用）を比較し，新町が古くから発達した市街地であることが確認できました。同時に市街地と城跡周辺の標高と位置関係を確認しました。これにより，細長い台地の先端に城跡があり，同じ台地上に城下町が展開していたことが理解できました。

②については，生徒が写真を撮影してきたので，これを見ながら考察します（写真1）。写真から，台地上に出る道のため坂道であることと，樹木が高く道を覆っているため昼間でも暗いことがわかりました。この点から，台地の斜面は崖となっているため樹木が茂った状態で取り残されていることが理解できました。すでに台地の地形で学習したことではありますが，身近な地域の事例として扱うことで，より理解は深まることと思います。さらに，「そういえば家の近くにもこんなところがある」「学校の裏の斜面も雑木林のままだ」などの意見も聞かれました。

③については，地形図上で街路の整った地区を探して，マーカーで囲みました（図3）。「新町などの古い地区にはない」「駅を中心とした地域に集中している」などの意見が出されていきます。生徒の一人からは「スーパーマーケットの分布と重ねたらどうだろう」との発言もありました。検証方法を自ら考え，提案することができています。

④については，車体やフロントガラスに書かれた企業名をインターネットで検索し，その事業所の位置を

写真1　狭くて暗い坂の写真　　　　　（筆者撮影）

確認しました。ほとんどが市内南部の工業団地にある企業でした。何をつくっている工場なのかも調べてもらいました。実際に朝のバスを観察してきた生徒からは「外国から来ていると思われる人も多かった」との報告もありました。

⑤については，最新の地形図にも商業施設が掲載されておらず近年開発された地域だということがわかりました。古い地形図には道路もなかったため，この地域はバイパ

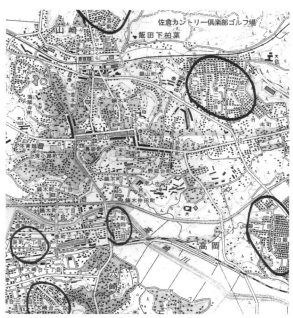

図3　新しい住宅地を確認する

スとなる道路が建設され，その交差点を中心に新しい商業施設が次々に建設された地区であることがわかりました。

検証の結果，仮説は概ね正しく，地域の様子が明らかになってきました。そこで，最後にもう一度，今回の検証を踏まえて登下校時に改めて地域をよく見てくるよう指示をしました。

写真2　新町の様子

写真3　バイパス沿いの店舗　　(いずれも筆者撮影)

## 6. 地域の全体像をまとめる

最後に現地で確認した事柄を含め，地域の様子をまとめます。

---

**生徒が地域調査を終えて気づいた点**
・新町は小さい店が多い。シャッターが閉まっていてやっていないのかなと思う店もある。
・この地域にはチェーン店が少ない。郊外に行かないとない。
・新しい住宅は谷底のようなところにもあった。崖崩れとかは大丈夫か。
・新しい住宅地のそばにはスーパーマーケットがあることが多い。
・なぜ昔の中心地から離れたところに駅をつくったのか。
・「京成佐倉」駅前に新しい若者向けの店が増えた。若い人が多くなっているのかもしれない。
・佐倉は大きな街のように見えるが，まわりは田んぼや畑が多い。農業もしっかり行われている。

---

気づいた点をまとめても，まだまだ生徒からは疑問が湧いてきていますが，これまでの調査や発表を踏まえ，各自で地域の概略を文章にまとめてもらい終了しました。

---

**生徒がまとめた地域の概略（ポイントを抜粋）**
・この地域は城下町として発展した古い市街が台地の上にある。
・二つの鉄道駅は離れているが，ともに低地にあり，周辺の住宅開発が進んでいる。
・新しい道路の建設や商業施設の建設も進んでいる。
・鉄道を利用して都心方面に通勤する人が多く，また，工業団地の造成も進んでいることから通勤してくる人も多い。

---

生徒たちの調査や発表から，地域の概略をまとめることができました。市外から通学する生徒たちも含め，地域の様子を共有することができ，理解を深めたようです。


## 7. おわりに

「毎日通っている道でも，知らないことや気づかないことがたくさんあるなと思いました」これは，授業を終えた後の生徒の感想です。登下校時に使う道でも，各方面から情報を持ち寄って共有することで生活圏の地域調査を成立させることができました。帰りにちょっと遠回りをして，他の生徒が見たものを探しに行く生徒もいるかもしれません。そして，生徒からは最後まで様々な疑問が寄せられました。これらもさらに地域を深く理解することにつながるもので

す。今回は３時間という限られた時間での実施でした。もう少し時間があれば下校時に店舗を訪問するなど，商業の様子を調査することもできたと思います。また，「なぜ台地の上に街がつくられたのか，城跡はなぜ台地の先端に置かれたのか」「鉄道の駅がその場所に設けられた理由は」などの問いも深めたいテーマです。さらに，崖崩れを心配する生徒もいましたので防災という観点から地域を考えてみたり，井戸の分布（佐倉にはまだ古い井戸が残っていたりします）を調べてみるのもよいと思います。

　対象地域とした佐倉市周辺は，歴史ある古い町という特徴があります。それだけ特徴を掴みやすいという点では有利な立地です。しかし，他の地域でも登下校の途上から何かを見つけることは可能であると思います。私の過去の勤務校でも十分可能でしたので，ぜひ試していただけたらと思います。

[参考文献]
・梶田真・加藤政洋・仁平尊明編（2007）『地域調査ことはじめ－あるく・みる・かく』ナカニシヤ出版
・松井秀郎「地理的見方・考え方－地域事象の教材化」
　https://www.gifu-net.ed.jp/kyoka/syakai/09chiri/2003chiikichosa/2003chiikichosa2_Matsui.pdf　（最終閲覧日：2019年２月15日）

（関　研一）

# 編 集 後 記

　本書は，現場の地理教員による「おすすめの授業集」です。これまでに各執筆者が実践した成果の中から，皆様にご紹介したい実践を集めました。

　本書のコンセプトは二つです。

　一つ目は，歴史や公民の先生方にも読んでもらうことです。新しい教育課程では地理の授業数が増えて，専門外の先生方には特に「地理総合」を担当していただく機会が増えます。「GISやSDGsは何を教えるのか？」「地域調査はどのように実施するのか？」などの具体的な不安や要望が聞かれます。そこで高度な知識や技術ではなく，身近な事例を用いてやさしく取り組める授業を紹介しました。

　二つ目は，地理の若い先生方にも読んでもらうことです。千葉県でも教員年齢の二極化が進んでいます。職場の半数以上を占める50代や60代の教員が学校を離れる時代になりつつあります。古き良き時代に比べると，世代をこえて協働する場面が少なくなったことは現場の深刻な課題です。日々の授業実践を後継に伝える機会の一つとして，今回私たちは書籍というかたちを選びました。

　2022年から高等学校では地理総合と地理探究が始まります。新しい科目ではありますが，内容の多くは現行の地理Aや地理Bと重なります。本書は，執筆者たちがこれまでの蓄積を，地理総合にあてはめてみました。経験豊富なベテランを中心に若手も加わり，公立を中心に私立の実践も取り入れています。いわゆる進学校のハイレベルな授業もあれば課題を多く抱えた学校での配慮や工夫を凝らした授業も含まれます。

　また，生徒の活動を紹介することで，授業の風景が再現できるように心掛けました。研究開発の指定を受けた実践や組織的な研究体制の下で行われた実践ではありません。「よそ行き」ではない「普段着」の授業であることも本書の大きな特徴です。

地理を担当することになってしまった歴史の先生から「地理では，歴史や公民のような授業事例集があまり出されていないのでしょうか？」と相談されたことがあります。各校に一人（ないしは０人）しかいないことが多い私たち地理教員は，自分たちの成果を共有しない「体質」なのかもしれません。新しい時代を迎える今こそ，皆で培ってきた成果を共有して互いに有効活用できるデータベースを構築できる契機です。先生方がつくり上げてきた「おすすめの授業」を持ち寄ろうではありませんか！

　終わりに，このような貴重な機会を与えていただいた二宮書店と山川出版社の皆様に感謝いたします。特に，不慣れな私たちの執筆や編集に辛抱強くおつき合いいただき時には励ましてくださった矢野次郎さん，日ごろから県内各校の地理教員にお声掛けいただきご指導くださっている平山直樹さんのお二人には，深く感謝を申し上げます。

2019年11月吉日

石毛一郎

# 執筆者一覧

執筆順　（　）は2019年度の勤務校　◎は編集委員

◎石毛　一郎　（県立成田国際高等学校）

◎小林　岳人　（県立千葉高等学校）

　鈴木　佐知　（山形県立長井高等学校《前 千葉県立柏井高等学校》）

　太田　貴之　（県立行徳高等学校）

　松本　隆夫　（県立木更津高等学校）

　藤田　　晋　（文理開成高等学校）

◎小林　一雄　（県立市原高等学校）

　土屋　晴彦　（渋谷教育学園幕張高等学校）

　黒川　仁紀　（県立東葛飾高等学校）

　小泉　啓三　（県立松戸国際高等学校）

　鴇川　文也　（県立浦安高等学校）

　山野井美里　（県立木更津東高等学校）

　金子麻理子　（県立佐原高等学校）

◎後藤　泰彦　（県立磯辺高等学校）

　廣嶋　伸道　（芝浦工業大学柏高等学校）

　小西　　薫　（市立習志野高等学校）

◎上野　剛史　（県立船橋芝山高等学校）

　宮嶋　祐一　（芝浦工業大学柏高等学校）

　萩原　利幸　（市立松戸高等学校）

　松村　智明　（県立小金高等学校）

　稲垣　稀由　（県立検見川高等学校）

　安藤　　清　（前 千葉敬愛高等学校）

　堀江　克浩　（県立成東高等学校）

　飯塚　　薫　（県立市原八幡高等学校）

◎泉　　貴久　（専修大学松戸高等学校）

　山本　晴久　（県立流山おおたかの森高等学校）

　白石　知之　（県立鎌ヶ谷高等学校）

◎関　　信夫　（県立長生高等学校）

　関　　研一　（県立佐倉高等学校）

本文・表紙デザイン　株式会社 アトリエ・プラン


# 新しい地理の授業

**高校「地理」新時代に向けた提案**

2019年11月10日　第1版第1刷発行

編　者　　千葉県高等学校教育研究会　地理部会
発行者　　大越 俊也
発行所　　株式会社 二宮書店
　　　　　〒101-0047　東京都千代田区内神田1-12-6
　　　　　大森内神田ビル2階
　　　　　Tel. 03-5244-5850
　　　　　Fax. 03-5244-5963
　　　　　振替 00150-2-110251
印刷・製本　　半七写真印刷工業株式会社

©2019　Printed in Japan
ISBN 978-4-8176-0443-9　C0025

http://www.ninomiyashoten.co.jp/